QuickItalian

QuickItalian

Rezepte: Joy Skipper

Jedes Gericht in drei Varianten
30 Minuten | 20 Minuten | 10 Minuten

First published in Great Britain in 2012 by Hamlyn, an imprint of Octopus Publishing Group Ltd, Endeaver House, 189 Shaftesbury Avenue, London WC2H 8JY. Titel der englischen Originalausgabe: Hamlyn QuickCook: Italian. All rights reserved. © 2012 Octopus Publishing Group Ltd, London, GB

Für die deutsche Ausgabe: © 2014 Neuer Umschau Buchverlag GmbH, Neustadt an der Weinstraße

Rezepte: Joy Skipper
Übersetzung: Annerose Sieck, Neumünster
Lektorat: Elke Eßmann, Dortmund
Herstellung: Ortrud Müller – Die Buchmacher, Köln

Printed and bound in China

ISBN: 978-3-86528-769-4

Besuchen Sie uns im Internet: www.umschau-buchverlag.de

Alle Rezepte gehen von den folgenden Mengenumrechnungen für Löffel-Maßangaben aus:
1 Esslöffel (Flüssigkeit oder gestrichen) = 15 ml
1 Teelöffel (Flüssigkeit oder gestrichen) = 5 ml

Bitte heizen Sie Ihren Ofen auf die angegebene Temperatur vor. Bei Heißluft- oder Umluftöfen folgen Sie bitte den Angaben des Herstellers zu Backtemperaturen und -zeiten.

Bitte verwenden Sie für die Rezepte mittelgroße Eier, sofern nicht anders angegeben. Dieses Buch enthält einige Rezepte mit rohen oder nur kurz gekochten Eiern. Gesundheitlich anfällige Personen (Schwangere, stillende Mütter, ältere Menschen, Kranke, Babys und Kleinkinder) sollten Gerichte mit ungekochten oder nur kurz gekochten Eiern meiden.

Dieses Buch enthält Rezepte, in denen Nüsse und Nussprodukte verwendet werden. Allergiker und Menschen, die anfällig für allergische Reaktionen gegen Nüsse sind (Schwangere, stillende Mütter, ältere Menschen, Kranke, Babys und Kleinkinder), sollten Rezepte mit Nüssen und Nussöl meiden. Wir empfehlen außerdem, die Etiketten der verwendeten Produkte auf Angaben zu enthaltenen Nüssen und/oder Nussprodukten zu prüfen. Zubereitungen mit Alkohol sind nicht für Kinder und Jugendliche geeignet.

FP = Fertigkprodukte | TK = Tiefkühlprodukte

Inhalt

Suppen, Salate & Snacks 20

Pizza, Pasta & mehr 94

Fisch & Meeresfrüchte 152

Fleisch & Geflügel 194

Desserts & Gebäck 236

Einleitung

30, 20, 10 – schnell, schneller, am schnellsten

Mit diesem Kochbuch lässt sich auch mit wenig Zeit lecker kochen: Wählen Sie einfach das Rezept, das am besten in Ihren Zeitplan passt. Anregungen und Motivation für jeden Tag des Jahres finden Sie auf den folgenden Seiten.

So funktioniert's

Jedes der Rezepte kann auf dreierlei Art zubereitet werden: als 30-Minuten-Version, 20-Minuten-Version oder als superschnelle 10-Minuten-Version. Am Anfang eines Kapitels sind alle Rezepte nach Zubereitungszeit aufgeführt. Wählen Sie aus, wofür Sie gerade Zeit haben und schlagen Sie die entsprechende Seite auf.

Auf jeder Doppelseite finden Sie ein Hauptrezept mit Foto und darunter zwei Varianten mit jeweils unterschiedlicher Zubereitungszeit.

Hat es Ihnen geschmeckt? Dann probieren Sie doch auch die anderen Versionen. Wenn Sie die Spaghetti carbonara (20 Minuten) mögen, aber nur 10 Minuten Zeit für die Zubereitung haben, können Sie das Rezept in der kürzeren Variante ausprobieren.

Sie mochten die Zutaten und den Geschmack des Kräuterbutter-Tintenfisches (10 Minuten)? Dann probieren Sie doch auch den etwas aufwändigeren Tintenfisch mit Kichererbsen (20 Minuten). Oder wählen Sie einfach ganz nach Geschmack eines der 360 köstlichen Rezepte und kochen dann die Version, die zu Ihrem Zeitbudget passt.

Noch mehr Anregungen finden Sie auf den Rezeptideenseiten 12 bis 19, dort sind die Rezepte nach Themen geordnet, zum Beispiel *Vegetarische Freuden* oder *Lieblinge mit Frucht*.

Quick Italian

Italienische Küche – dahinter verbergen sich nicht nur Pizza, Pasta und Risotto. Denn das Land im Süden Europas besteht aus einer Vielzahl von Regionen – und jede Region wartet mit ihren eigenen traditionellen Spezialitäten auf. Ihre Vielfalt entwickelte die Küche des Landes nach dem Untergang des Römischen Reiches. Es zerfiel in viele Territorien, und jedes „kleine Reich" entwickelte seine eigene Identität mit eigenen Gerichten. Auch die Landschaft und das Klima spielten bei der Ausprägung der kulinarischen Stile eine bedeutende Rolle. Und so wird in den Bergdörfern der Alpen anders gekocht als in den Bergen Siziliens, an der Adriaküste anders als an der Riviera und in Florenz anders als in Rom. Während im Norden des kühleren Klimas wegen viel Butter ans Essen kommt, spielen im Süden eher mediterrane Zutaten eine Rolle, wie zum Beispiel Olivenöl, Knoblauch und Wein. Im Süden des Landes sind außerdem Meeresfrüchte die Stars in der Küche: Anchovis, Sardinen und Schwertfisch werden dort gern zubereitet.

Auch die Nähe zu den Nachbarländern hat die italienische Küche beeinflusst. Das Essen im Nordwesten weist Ähnlichkeiten mit der französischen Küche auf (hier wieder Butter statt Olivenöl), die Region im Nordosten spiegelt österreichische Einflüsse wider und ist für seine bodenständigen Eintöpfe und Mehlspeisen bekannt. Doch auch wenn die einzelnen Regionen unterschiedlich kochen, gibt es einiges, das in ganz Italien beliebt ist: Pasta, Risotto und Olivenöl.

Eine italienische Mahlzeit

Das italienische Frühstück ist vergleichsweise karg. Es besteht nur aus einem einfachen Gebäckstück und einer Tasse Kaffee. Doch mittags und abends nehmen sich die Italiener Zeit fürs Essen und genießen es, mit der Familie am Tisch zu sitzen. Eine typisch italienische Menüfolge besteht aus mehreren Gängen und kann sich deshalb leicht eine Stunde oder zwei Stunden und manchmal sogar noch länger hinziehen. Zunächst werden Antipasti aufgetischt, etwa eine Platte mit Fleisch oder Käse aus der Region, gefüllten Paprika oder marinierten Gemüsesorten. Der erste Gang besteht meist aus Pasta, Suppe oder einem Reisgericht wie Risotto. Fleisch, Geflügel oder Fisch bestimmen den zweiten Gang, dazu gibt es Beilagen wie Kartoffeln, Gemüse oder Salat. Ein süßes Dessert oder Käse folgen. Zum Schluss wird das Ganze mit einem starken italienischen Kaffee gekrönt.

Ein gesunder Lebensstil

Italiener legen großen Wert auf Qualität und verbinden mit gutem Essen stets frische Zutaten. Sie verwenden Obst und Gemüse aus der Region, frisch gefangenen Fisch und Meeresfrüchte, und alles wird mit Liebe und Sorgfalt zubereitet. Und auch wenn mittlerweile die meisten Zutaten das ganze Jahr über erhältlich sind, ziehen es Italiener vor, mit saisonal frischen Zutaten zu kochen. Reichlich Verwendung findet köstliches Olivenöl – die italienisch-mediterrane Küche ist nicht fettarm, doch ist Olivenöl ein „gesundes" Fett.

Typisch regionale Rezepte sind in der Regel einfach, sie verwenden nur Zutaten, die vor der Haustür wachsen oder auf den örtlichen Märkten zu kaufen sind. Die wohl wahrhaftigste Küche Italiens findet man überall in den abgelegenen Dörfern, in denen die Zeit seit Jahrhunderten still zu stehen scheint. Dort verkaufen die Bauern noch ganz traditionell die Produkte, die von ihnen selbst gepflanzt, gehegt und geerntet wurden.

Kochtechniken & Tipps

Auf den folgenden Seiten finden Sie viele unterschiedliche, köstliche italienische Rezepte, die sich im Nu zubereiten lassen. Die Gerichte sind ideal für alle, die einen langen und hektischen Arbeitstag hinter sich haben und trotzdem gut essen wollen. Viele Grundzutaten gibt es in guter Qualität als Fertigprodukt (FP) oder im Kühlregal (TK). Gewürze und Kräuter tragen dazu bei, dass Sie stets abwechslungsreich kochen und Neues auf den Tisch bringen können. Experimentieren Sie mit der einzigartigen Vielfalt an Farben, Texturen und Aromen, die Ihnen die italienische Küche bietet.

Eine gut ausgestattete Küche hilft Ihnen, Zeit zu sparen. Qualitativ gute Töpfe und Bratpfannen in unterschiedlichen Größen erleichtern die Arbeit ebenso wie eine exakte Küchenwaage zum Abwiegen der Zutaten. Mörser und Stößel helfen, Gewürze schnell zu zerkleinern oder Pasten zu mischen. Eine Salatschleuder macht das Salatwaschen zum Kinderspiel. Bei der Zubereitung von Suppen und Saucen leisten eine Küchenmaschine, ein Handrührgerät und ein Pürierstab gute Dienste.

Zutaten & Vorratshaltung

Bevor Sie sich auf die Reise durch Italiens Küche begeben, sollten Sie Ihren Vorratsschrank auffüllen. Ist dieser gut bestückt, können Sie nach Lust und Laune eines der schnellen Rezepte zubereiten.

Pasta, Polenta, Reis und Hülsenfrüchte
In Italien finden Sie eine schier endlose Zahl unterschiedlicher Pastasorten. Was die Sauce zur Pasta anbetrifft, so haben die Italiener der verschiedenen Regionen ihre traditionellen Rezepte und schwören auf ganz unterschiedliche Zutatenkombinationen.

Polenta, grob gemahlenes Weizenmehl, wird mit kochendem Wasser zubereitet. Die Konsistenz erinnert an Kartoffelbrei. Dazu serviert man Fleisch oder Tintenfisch in einer Sauce. Abgekühlt wird Polenta fest, dann kann man sie braten und als Beilage servieren. Instant-Polenta muss nur 5 Minuten quellen.

Arborio-Reis ist ein Rundkornreis, der in der italienischen Po-Ebene gedeiht. Rührt man den Reis während des Köchelns, setzen die Reiskörner ihre Stärke frei – das Ergebnis ist eine köstlich sahniges und zartes Risotto.

Borlottibohnen, Cannellinibohnen, Kichererbsen und Linsen bilden das Rückgrat von vielen italienischen Suppen, Eintöpfen und Salaten. Verwendet man sie in getrockneter Form, müssen sie zuvor über Nacht in kaltem Wasser eingeweicht werden. Hülsenfrüchte aus der Dose müssen nur abgespült werden.

Käse und Schinken
Parmesan, der wohl berühmteste italienische Käse, ist ein Hartkäse aus Kuhmilch, der im Norden des Landes hergestellt wird. Er wird gut und reichlich in der italienischen Küche verwendet. Pecorino, der in Mittel- und Süditalien aus Schafsmilch produziert wird, ist ebenfalls sehr beliebt. Aus dem Piemont stammt der milde Fontina. Er schmilzt sehr gut, deshalb ist er ideal für die Verwendung in der Küche. Von den Blauschimmel-Käsesorten wird der würzige Gorgonzola genauso gern wie der mildere Dolcelatte für Pastasaucen verwendet.

Mozzarella ist ein beliebter Weichkäse, der aus Kuh- oder Büffelmilch hergestellt wird. Zum Kochen sollten Sie Mozzarella aus Kuhmilch verwenden. Möchten Sie ihn frisch genießen, schmeckt der cremigere

Büffelmozzarella besser. Ricotta, ein fettarmer Frischkäse aus Süß-
molke, findet oft und gern Verwendung. Bei Mascarpone, wichtige Zutat im berühmten Dessert Tiramisu, handelt es sich um einen cremigen
Doppelrahm-Frischkäse mit mildem Geschmack und glatter Textur.

Der luftgetrocknete italienische Prosciutto ist wohl der berühmteste
italienische Schinken und stammt aus der Provinz Parma. Dünn geschnitten serviert, eignet er sich als Vorspeise, aber auch als Salatzu-
tat schmeckt er hervorragend. Pancetta ist eine weitere luftgetrocknete
Schinkenspezialität, die aus Schweinebauch hergestellt wird.

Tomaten

Im Sommer wartet Italien mit einer Fülle erntefrischer Tomaten unter-
schiedlichster Sorten auf. Jede lässt sich auf eine andere Art verwenden. Marzano-Pflaumentomaten etwa sind eine himmlische Zutat für
Saucen, sie sind es auch, die meist in Dosen konserviert erhältlich
sind. Bei Passata handelt es sich um rohe Tomaten, die glatt püriert
wurden. Sie werden im Tetrapack oder im Glas verkauft und eignen
sich hervorragend zum Kochen.

Anchovis, Kapern und Oliven

Anchovis finden vor allem im Süden Italiens Verwendung; sie sind
frisch, gesalzen oder in Öl eingelegt erhältlich. Bei Kapern handelt es
sich um kleine Blütenknospen des Kapernstrauches, die gesalzen oder
in Lake eingelegt angeboten werden. Oliven bilden in der italienischen
Küche eine Grundzutat und gehören auf jeden Antipasti-Teller. Sie
würzen alles von Pasta bis zu Pizza.

Olivenöl und Essig

Olivenöl gibt es in mehreren Klassifizierungen. Extra natives Olivenöl
wird aus der ersten Kaltpressung von Oliven hergestellt. Es schmeckt
sehr aromatisch in Salaten und kalten Speisen, reagiert jedoch emp-
findlich auf große Hitze. Zum Kochen sollten Sie deshalb ein günstige-
res, raffiniertes Olivenöl verwenden.

In Italien wird häufig Rotweinessig verwendet, sowohl zum Kochen als
auch für Salatdressings. Der süße, sirupartige Balsamico aus Modena
ist ebenfalls sehr beliebt. Schon einige wenige Tropfen verleihen Salaten, Saucen oder selbst frischen Erdbeeren das gewisse Etwas.

Vegetarische Freuden

Köstliche Mahlzeiten ganz ohne Fleisch

Gefüllte Zucchini 32

Spargel-Frittata 40

Pfannkuchen mit Mozzarella und Spinat 52

Wirsingsuppe mit Parmesan 66

Überbackene Auberginen 68

Wildpilz-Crostini 72

Kichererbsen-Maronen-Suppe 86

Champignons mit Spinatfüllung 92

Pilzrisotto 104

Orecchiette mit Brokkoli und Chili 114

Mais-Spinat-Polenta 130

Linguine mit Minzpesto 150

Lieblinge mit Frucht

Fruchtige Aromen, die einfach glücklich machen

Birnensalat mit Walnüssen und
Gorgonzola 60

Cremige Kürbis-Apfel-Suppe 74

Safran-Jakobsmuscheln mit
Apfel-Pistazien-Püree 180

Schweinesteaks mit Rosmarin und
Bohnensalat 206

Schweinesteaks mit Polentakruste
und Birnen-Rucola-Salat 214

Lamm mit Honig, Senf und
Zitrone 216

Pfannkuchen mit Birne und
Mascarpone 242

Amaretti-Pfirsiche aus dem
Ofen 244

Ricotta mit Himbeeren 246

Birnenstrudel 256

Pfirsich-Bananen-Smoothie 266

Aprikosendessert 274

Sommer-Highlights

Kreative Ideen für einen warmen Sommerabend auf der Terrasse

Kartoffel-Tomaten-Salat mit Oliven 34

Wildpilztarte 56

Gegrillter Schwertfisch mit Salsa verde 158

Makrele mit Rote-Bete-Kartoffel-salat 162

Garnelen-Tomaten-Salat 184

Rotbarbenfilet mit grünen Bohnen und Paprika 186

Marinierte Sardinen 190

Cannellinibohnensalat mit Thunfisch 192

Lammpitta 208

Wassermelone und Ananas mit Sambuca 258

Apfel-Parmesan-Tartelettes 264

Feigenjoghurt mit Honig 270

Klassiker

Italienische Klassiker, wie Mama sie am liebsten kocht

Peperonata 30

Kartoffelgnocchi 100

Spaghetti carbonara 102

Spinatpizza mit Ei 106

Spaghetti bolognese mit gegrillten Kirschtomaten 116

Spaghetti puttanesca 136

Fischeintopf 164

Rinder-Carpaccio 200

Kalbsschnitzel in Sahnesauce 224

Tiramisu 250

Zabaglione 252

Biscotti 268

Für Gäste

Schnelle und leckere Gerichte für einen Party-Abend ohne Stress

1 Antipasti mit Grissini 24

2 Linguine mit Krebsfleisch 110

3 Erbsen-Minz-Risotto 118

3 Safranrisotto 124

2 Rigatoni mit Muscheln und Zucchini 132

1 Kräuterbutter-Tintenfisch 156

3 Seeteufel mit Prosciutto, Linsen und Spinat 172

2 Muscheln mit Pancetta 182

3 Lammeintopf mit Oliven 198

2 Kalbsschnitzel mit Prosciutto und Salbei 204

3 Cassata 276

3 Warmer Schoko-Amaretti-Pudding 278

Leicht & gesund

Gesunder Genuss mit den köstlichen Aromen des Mittelmeeres

Zucchini-Paprika-Spieße 54

Borlottibohnen-Bruschetta mit gerösteter Paprika 62

Grillradicchio mit Pancetta 76

Dicke-Bohnen-Suppe mit Minze 84

Fusilli mit Brunnenkresse, Rosinen und Pinienkernen 142

Überbackene Muscheln 160

Bohnensalat mit Garnelen 168

Bohnensalat mit Thunfisch und Paprika 174

Ofenforelle mit Oliven 176

Wolfsbarsch mit Linsensalat 178

Römisches Hähnchen mit Paprika 218

Salat mit geräucherter Entenbrust 234

Rund um den Käse

Herzhafte Genüsse mit italienischem Käse

Parmesan-Knabberstangen 26

Paprikasalat mit Ziegenkäse 38

Spinat-Pecorino-Bällchen in Tomatensauce 42

Gebackener Ricotta 48

Überbackener Fenchel mit Gorgonzola 70

Zwiebeln mit Spinat-Käse-Füllung 78

Parmesantaler 82

Fettuccine mit Dolcelatte und Spinat 122

Käse-Spinat-Calzone 134

Käsegnocchi mit Spinat und Walnüssen 146

Parmesanhähnchen 202

Ricottapuffer mit Orangen und Feigen 272

Alles mit Tomaten

Köstliche Rezepte mit dem Sonnenaroma gereifter Tomaten

Suppe aus gerösteten Tomaten 46

Dicke-Bohnen-Gemüse mit Anchovis und Tomaten 50

Tomaten-Mozzarella-Salat 58

Panzanella 80

Penne arrabiata 120

Tomatenrisotto 128

Pizza mit Auberginen und Zucchini 138

Pizza Margherita 148

Thunfisch in Tomaten-Kapern-Sauce 166

Kabeljau in Chili-Tomatensauce 170

Fleischbällchen mit Tomatensauce und Spaghetti 222

Hähnchen-Sandwich 226

QuickItalian

Suppen, Salate & Snacks

Rezepte nach Zubereitungszeit

3

2

10

1 Antipasti mit Grissini

Für 4 Personen

100 g eingelegte Oliven

75 g eingelegte gegrillte Artischocken
aus dem Glas

50 g gegrillte Paprika aus dem Glas

50 g sonnengetrocknete Tomaten in
Öl aus dem Glas

40 g Anchovisfilets aus der Dose

100 g Prosciutto

100 g Salami

220 g Mozzarella

6 EL extra natives Olivenöl

4 EL Balsamico

- Alle Zutaten auf einer großen Platte oder einem Brett anrichten.

- Kurz vor dem Servieren 6 EL Olivenöl und den Balsamico zum Dippen oder Beträufeln in Schälchen oder Kännchen füllen. Zu den Antipasti Grissini reichen.

---

2 **Bruschetta mit geräucherter Makrele** Den
Backofengrill auf mittlerer Stufe vorheizen. Ein Baguette in 8 Scheiben schneiden, jede Scheibe mit etwas Olivenöl bestreichen und unter dem Grill von beiden Seiten goldbraun rösten. 2 Dosen geräucherte Makrele (je 185 g) mit 6 gehackten Pflaumentomaten, 2 EL gerösteten Pinienkernen, dem Saft von 1 Zitrone und 1 EL gehackten Petersilienblättern vermischen. ½ TL Sahnemeerrettich und 175 g Frischkäse verrühren, mit Salz und frisch gemahlenem Pfeffer abschmecken. Das Baguette mit dem Frischkäse bestreichen und die Makrelenmischung daraufgeben.

3 **Gemischte Crostini** Den Backofengrill auf hoher Stufe vorheizen. Ein Baguette in 12 Scheiben schneiden, jede Scheibe mit etwas Olivenöl bestreichen und unter dem Grill von beiden Seiten goldbraun rösten. Alle Scheiben mit 1–2 Knoblauchzehen einreiben. 1 rote Paprika halbieren, entkernen und mit der Wölbung nach oben unter dem Grill rösten, bis die Haut schwarz wird. In einem Gefrierbeutel abkühlen lassen, dann die Haut abziehen. Die Paprika in feine Streifen schneiden und auf 4 der Crostini geben, mit 50 g zerkrümeltem Ziegenkäse und ½ TL gehacktem Thymian bestreuen. 1 Tomate, ½ TL Kapern und 4–5 Basilikumblätter hacken und mischen, auf 4 weitere Crostini streichen und mit insgesamt 1 EL extra nativem Olivenöl beträufeln. Die restlichen 4 Crostini mit jeweils 1 Scheibe Prosciutto und einigen Kapern belegen.

Parmesan-Knabberstangen

Für 4 Personen

250 g Weizenmehl (Type 1050) zzgl. etwas für die Arbeitsfläche

½ Pck. Trockenhefe (3,5 g)

½ TL Salz

½ EL Olivenöl

50 g geriebener Parmesan

- Den Backofen auf 200 °C vorheizen. 2 Backbleche mit Mehl bestäuben. In einer Schüssel Mehl, Hefe und Salz mischen. In einem kleinen Topf ca. 150 ml Wasser erwärmen. 1–2 EL warmes Wasser und ½ EL Olivenöl zur Mehlmischung geben und mit den Händen unterarbeiten. Nach und nach das restliche Wasser dazugeben und so lange kneten, bis ein glatter geschmeidiger Teig entsteht.

- Den Parmesan hinzufügen und den Teig so lange kneten, bis der Käse gleichmäßig untergearbeitet ist.

- Die Arbeitsfläche leicht mit Mehl bestäuben und den Teig darauf noch einmal mit den Händen 5–10 Minuten kneten.

- Den Teig in 16 walnussgroße Stücke teilen. Jeweils ein Teigstück zu einer langen Stange rollen und auf die vorbereiteten Backbleche legen.

- Die Knabberstangen im Backofen in 4–5 Minuten goldbraun backen. Auf einem Rost abkühlen lassen.

Fladenbrot mit Rosmarin Den Backofen auf 220 °C vorheizen. In einer Schüssel 280 g Weizenmehl (Type 405), 160 g feinen Grieß, ½ TL Salz und 1 EL gehackten Rosmarin mischen. Mit den Händen nach und nach 300 ml warmes Wasser unterarbeiten, bis ein glatter, aber nicht klebriger Teig entsteht. Auf einer bemehlten Arbeitsfläche weitere 2–3 Minuten kneten. Den Teig achteln, jedes Achtel zu einem Kreis (18–20 cm Durchmesser) ausrollen. Die Brote auf 1 oder 2 Backbleche legen, leicht mit Mehl bestäuben und im Backofen von jeder Seite 2 Minuten backen.

Knoblauchbrot Den Backofen auf 200 °C vorheizen. In einer Pfanne 175 g Butter zerlassen und in einer Schüssel mit 4–5 zerdrückten Knoblauchzehen und 4 EL gehackten Petersilienblättern verrühren. 1 langes Baguette quer halbieren (den Rest anderweitig verwenden). Die Baguettehälfte in 1 cm Abstand von oben einschneiden (Vorsicht, nicht ganz durchschneiden). Die Einschnitte jeweils mit der Knoblauchbutter füllen, das Baguette fest in Alufolie wickeln und im Backofen in 15–18 Minuten goldbraun backen.

30 Überbackene Champignons

Für 4 Personen

8 große Champignons
3 EL Olivenöl
8 Thymianzweige
2 EL Marsala
100 g Pancetta
50 g Maronen (vakuumverpackt und
   essfertig)
200 g Spinatblätter
200 g geriebener Mozzarella
Salz und frisch gemahlener Pfeffer

- Den Backofen auf 200 °C vorheizen. Die Champignons entstielen und in eine Auflaufform setzen, mit 2 EL Olivenöl beträufeln und jeweils 1 Thymianzweig hineinstecken. Den Marsala in die Auflaufform gießen. Die Pilze im Ofen 15–18 Minuten backen.

- In der Zwischenzeit in einer Pfanne 1 EL Olivenöl erhitzen und den Pancetta darin in 4–5 Minuten knusprig braten. Die Maronen hacken, mit dem Spinat zugeben und rühren, bis die Spinatblätter zusammenfallen. Gut würzen.

- Die Pilze aus dem Ofen nehmen, den Backofen auf Grillstufe einstellen. Die Pilze jeweils mit der Kastanien-Spinat-Mischung füllen und den Mozzarella darüberstreuen. Unter dem Grill 5–6 Minuten überbacken, bis der Käse goldbraun und zerlaufen ist.

1 Pilz-Linsen-Suppe

In einem Topf 2 EL Olivenöl erhitzen und 1 gehackte Zwiebel sowie 2 klein geschnittene Knoblauchzehen darin 2–3 Minuten dünsten. 150 g gehackte braune Champignons zugeben und 2–3 Minuten mitdünsten. 1 Dose grüne Linsen (400 g) abtropfen lassen und mit 1 l Gemüsebrühe zugeben. Alles aufkochen. 2–3 Minuten köcheln lassen, dann 1 Handvoll gehackte junge Spinatblätter, 2 EL gehackte Petersilienblätter und 2 EL geriebenen Parmesan zugeben. Mit knusprigem Brot servieren.

2 Penne mit Pilzen

500 g geputzte, in Scheiben geschnittene Champignons, 2 TL grobkörnigen Senf, 4 zerdrückte Knoblauchzehen, 1 Prise Chiliflocken und 300 ml Gemüsebrühe in einen Topf geben. 10–12 Minuten bei offenem Deckel köcheln lassen, bis die Flüssigkeit stark reduziert ist. In der Zwischenzeit 400 g Penne in reichlich Salzwasser al dente kochen. Die Pasta abgießen und mit den Pilzen, der abgeriebenen Schale von 1 unbehandelten Zitrone, 2 EL gehackten Petersilienblättern und 2 EL geriebenem Parmesan vermengen. Mit einem frischen grünen Salat servieren.

30 Peperonata

Für 4 Personen

2 Zwiebeln
2 Knoblauchzehen
2 rote Paprika
2 gelbe Paprika
3 EL Olivenöl
350 g reife Tomaten
1 Handvoll Basilikumblätter
Salz und frisch gemahlener Pfeffer

- Die Zwiebeln in feine Scheiben schneiden, den Knoblauch zerdrü-cken. Die rote und gelbe Paprika jeweils entkernen und in 1 cm breite Streifen schneiden.

- In einer Pfanne 3 EL Olivenöl erhitzen. Die Zwiebeln und den Knob-lauch darin 1–2 Minuten dünsten.

- Die Paprika zugeben und bei mittlerer Hitze weitere 10 Minuten dünsten. Die Tomaten hacken und hinzufügen.

- Weitere 15 Minuten köcheln lassen, bis die Paprika weich werden. Mit Salz und Pfeffer abschmecken.

- Die Basilikumblätter zerzupfen und kurz vor dem Servieren ein-rühren.

1 **Paprikasalat** Je 2 rote und gelbe Paprika ent-kernen und in Streifen schneiden. Mit 4 in Scheiben geschnittenen Toma-ten, 1 Handvoll Basilikumblättern und 50 g jungen Spinatblättern mischen. Mit 2 EL Olivenöl und dem Saft von ½ Zitrone beträufeln und gut mi-schen. Mit Salz und frisch gemahle-nem Pfeffer würzen.

2 **Paprikagemüse mit Tomaten** In einer Pfanne 3 EL Olivenöl erhitzen. 2 ge-hackte Zwiebeln und 2 zerdrückte Knoblauchzehen sowie je 2 rote und gelbe in Streifen geschnittene Papri-ka hinzufügen und andünsten. 350 g gehackte reife Tomaten unterrühren und 15 Minuten köcheln lassen. Mit Salz und frisch gemahlenem Pfeffer abschmecken. Mit 1 Handvoll ge-hackten Basilikumblättern bestreuen und servieren.

30 Gefüllte Zucchini

Für 4 Personen

4 Zucchini

175 g Pflaumentomaten

200 g geriebener Mozzarella

2 EL gehackte Basilikumblätter

25 g geriebener Parmesan

Salz und frisch gemahlener Pfeffer

- Den Backofen auf 200 °C vorheizen. Die Zucchini längs durchschneiden. Das Fruchtfleisch aus der Mitte herauskratzen und beiseitelegen.

- Die Zucchinihälften nebeneinander in eine flache Auflaufform legen und im Backofen 10 Minuten backen.

- In der Zwischenzeit für die Füllung das Fruchtfleisch hacken und in eine Schüssel geben. Die Tomaten ebenfalls hacken und dazugeben. Alles mit dem geriebenem Mozzarella und dem Basilikum vermengen. Würzen.

- Die Zucchini aus dem Ofen nehmen und die Füllung darin verteilen.

- Mit dem geriebenem Parmesan bestreuen und in 15 Minuten im Backofen goldbraun backen.

 Zucchinisalat mit Zitronendressing

2 große Zucchini grob reiben und in eine Salatschüssel geben. 1 entkernte und fein gehackte roten Chili und 4–5 gehackte Basilikumblätter daruntermischen. 2 EL extra natives Olivenöl mit dem Saft von 1 Zitrone, ½ TL Honig sowie Salz und frisch gemahlenem Pfeffer mischen und mit den Salatzutaten verrühren.

 **Gegrillte Zucchini mit Mozzarella** Den Backofengrill auf hoher Stufe vorheizen. Mit einem Gemüsehobel 4 Zucchini der Länge nach in dünne Scheiben schneiden. Zucchinischeiben mit 2 EL Olivenöl bestreichen und von beiden Seiten jeweils 2–3 Minuten auf dem heißen Rost grillen. Mit 200 g zerkleinertem Mozzarella und 6–8 zerzupften Basilikumblättern belegen. Zum Schluss mit etwas Olivenöl und Zitronensaft beträufeln und mit frisch gemahlenem Pfeffer bestreuen.

Kartoffel-Tomaten-Salat mit Oliven

Für 4 Personen

6–7 Kartoffeln

2 Knoblauchzehen

1 TL gehackte Oreganoblättchen

1 TL Rotweinessig

3 EL extra natives Olivenöl

500 g reife Pflaumentomaten

1 rote Zwiebel

10–12 entsteinte schwarze Oliven

4 Eier, hart gekocht

Salz und frisch gemahlener Pfeffer

- Die Kartoffeln schälen und in mundgerechte Stücke schneiden. In kochendem Wasser in 12–15 Minuten garen, abgießen und etwas abkühlen lassen.

- In der Zwischenzeit die Knoblauchzehen zerdrücken und mit Oregano, Rotweinessig, 3 EL Olivenöl, Salz und Pfeffer in einer kleinen Schüssel zu einem Dressing verrühren und beiseitestellen.

- Die Tomaten grob hacken. Die Zwiebeln in Scheiben schneiden. Die Eier pellen und ebenfalls in Scheiben schneiden.

- Abgekühlte Kartoffeln, Tomaten, Zwiebeln, Oliven und Eier in einer großen Schüssel vorsichtig mischen. Vor dem Servieren mit dem Dressing beträufeln und 2–3 Minuten ziehen lassen.

Limabohnen-Tomaten-Salat mit Oliven

1 Dose Limabohnen (400 g, abgespült und abgetropft), 500 g grob gehackte reife Pflaumentomaten, 1 in Scheiben geschnittene rote Zwiebel, 10–12 entsteinte schwarze Oliven und 4 hart gekochte, in Scheiben geschnittene Eier in einer Schüssel mischen. Aus 1 TL gehackten Oreganoblättchen, 2 zerdrückten Knoblauchzehen, 1 TL Rotweinessig, 3 EL extra nativem Olivenöl sowie Salz und frisch gemahlenem Pfeffer ein Dressing herstellen, mit den Salatzutaten vermischen und sofort servieren.

Thunfisch-Kartoffel-Salat

6–7 in mundgerechte Würfel geschnittene Kartoffeln in kochendem Salzwasser 10–12 Minuten garen. Ein Dressing aus 1 TL gehackten Oreganoblättchen, 2 zerdrückten Knoblauchzehen, 1 TL Rotweinessig, 3 EL extra nativem Olivenöl sowie Salz und frisch gemahlenem Pfeffer rühren. 500 g grob gehackte reife Pflaumentomaten, 1 in Scheiben geschnittene rote Zwiebel, 10–12 entsteinte schwarze Oliven und 4 hart gekochte, in Scheiben geschnittene Eier in eine Schüssel geben und mit dem Dressing mischen. Zum Ende der Kartoffelgarzeit 2 Thunfischsteaks (je 150 g) mit frisch gemahlenem Pfeffer würzen und in einer Pfanne von jeder Seite 4–5 Minuten braten (die Bratzeit hängt davon ab, wie gar die Steaks sein sollen). 2–3 Minuten ruhen lassen, zerkleinern und mit den leicht abgekühlten Kartoffeln unter den Salat mengen.

Schwarze-Oliven-Tapenade auf geröstetem Ciabatta

Für 4 Personen

250 g entsteinte schwarze Oliven
1 Knoblauchzehe
3 EL Kapern
4 Anchovisfilets
Saft von 1 Zitrone
2 EL gehackte Petersilienblätter
3–4 EL Olivenöl
1 Ciabatta
Salz und frisch gemahlener Pfeffer

- Die Oliven fein hacken und die Knoblauchzehe zerdrücken. Kapern, Anchovis, Knoblauch und Zitronensaft in einer Küchenmaschine in ca. 10 Sekunden zu einem groben Püree verarbeiten.

- Oliven, Petersilie und 3 EL Olivenöl zufügen und weitermixen, bis eine Paste entsteht. Eventuell noch Olivenöl hinzufügen. Nach Geschmack würzen.

- Das Ciabatta in Scheiben schneiden und diese von beiden Seiten toasten. Jede Scheibe mit Tapenade bestreichen und sofort servieren.

Kabeljau mit Olivensauce 200 g grob gehackte, entsteinte schwarze Oliven, ½ fein gewürfelte rote Chili, 2 EL gehackte Basilikumblätter, 1 zerdrückte Knoblauchzehe, Saft von 1 Zitrone und 2–3 EL Olivenöl in einer Schüssel zu einer Sauce verrühren. Mit Salz und frisch gemahlenem Pfeffer würzen. In einer Pfanne 2 EL Olivenöl erhitzen und 4 Kabeljaufilets (je 150 g) darin von jeder Seite 3–4 Minuten braten. Die Olivensauce über den Fisch träufeln und sofort mit einem Rucolasalat servieren.

Spargel und Tomaten mit Ziegenkäse und schwarzen Oliven Den Backofen auf 200 °C vorheizen. 450 g Kirschtomaten in eine Auflaufform legen, mit 2 EL Olivenöl beträufeln und würzen. 4 halbierte Knoblauchzehen zugeben und das Ganze im Ofen 10 Minuten backen. 400 g grüne Spargelstangen im unteren Drittel schälen und zu den Tomaten in die Form legen. Weitere 10 Minuten backen, dann den Backofen auf Grillstufe stellen. 4 Scheiben Ziegenkäse mit Rinde einige Minuten unter dem Grill goldbraun überbacken. Spargel und Tomaten anrichten, den Ziegenkäse dazulegen. Mit 100 g entsteinten schwarzen Oliven bestreuen und servieren.

Paprikasalat mit Ziegenkäse

Für 4 Personen

4 rote Paprika
3 EL extra natives Olivenöl
Saft von ½ Zitrone
1 TL Honig
1 TL Senf
1 Knoblauchzehe, zerdrückt
75 g Pinienkerne
150 g Ziegenkäse
10–12 Basilikumblätter
Salz und frisch gemahlener Pfeffer

- Den Backofengrill auf hoher Stufe vorheizen. Die Paprika halbieren und entkernen, dann mit der Wölbung nach oben auf ein Backblech legen und unter dem Grill 8–10 Minuten backen, bis die Haut schwarz wird.

- In der Zwischenzeit in einer kleinen Schüssel 3 EL Olivenöl, Zitronensaft, Honig, Senf und Knoblauch zu einem Dressing verrühren, mit Salz und Pfeffer würzen.

- Die Paprika in eine Schüssel legen, diese mit Frischhaltefolie abdecken und abkühlen lassen. Dann die schwarze Haut der Paprika abziehen.

- Die Pinienkerne in einer Pfanne ohne Fett goldbraun rösten.

- Die Paprika in Streifen schneiden und auf einen Servierteller legen. Den Ziegenkäse darüberkrümeln und die Basilikumblätter darauf verteilen. Vorsichtig mischen.

- Das Dressing darüberträufeln und den Salat mit Pinienkernen bestreut servieren.

Paprika-Rucola-Salat mit Ziegenkäse 4 rote Paprika entkernen und in Streifen schneiden, mit 50 g Rucola, 8–10 gehackten Basilikumblättern und 150 g zerbröckeltem Ziegenkäse in eine Salatschüssel geben. Mit 2 EL extra nativem Olivenöl und 1 EL Balsamico beträufeln, nach Belieben würzen und mit gerösteten Pinienkernen bestreut servieren.

Paprika-Ziegenkäse-Bruschetta Den Backofengrill auf hoher Stufe vorheizen. 4 halbierte und entkernte rote Paprika mit der Wölbung nach oben auf ein Backblech legen und unter dem Grill 8–10 Minuten backen, bis die Haut schwarz wird. Die Paprika in eine Schüssel legen, diese mit Frischhaltefolie abdecken und abkühlen lassen. Dann die schwarze Haut abziehen. Die Paprika in Streifen schneiden und mit 150 g zerbröckeltem Ziegenkäse und 10–12 gehackten Basilikumblättern mischen.

Aus 3 EL extra nativem Olivenöl, Saft von ½ Zitrone, 1 TL Honig, 1 TL Senf und 1 zerdrückten Knoblauchzehe ein Dressing rühren und darübergeben. Mit Salz und Pfeffer würzen. 1 großes Baguette in Scheiben schneiden. Diese mit etwas Olivenöl beträufeln und unter dem Grill von beiden Seiten goldbraun rösten. Alle Scheiben mit einer Knoblauchzehe einreiben. Den Salat auf die Baguettescheiben geben. Mit gerösteten Pinienkernen bestreuen und servieren.

30 Spargel-Frittata

Für 4 Personen

400 g grüner Spargel
2 EL Olivenöl
6 große Eier
50 g geriebener Parmesan
1 EL gehackte Oreganoblättchen
Salz und frisch gemahlener Pfeffer

- Den Backofengrill auf hoher Stufe vorheizen. Die Spargelstangen im unteren Drittel schälen und mit 1 EL Olivenöl beträufeln.

- Eine Grillpfanne erhitzen und den Spargel darin 4–5 Minuten garen, bis sich erste dunkle Stellen zeigen. Die Stangen dritteln.

- In einer Schüssel die Eier aufschlagen und mit geriebenem Parmesan, Oregano und etwas Salz und Pfeffer verrühren. Die Spargelstücke zugeben.

- In einer ofenfesten Pfanne 1 EL Öl erhitzen. Die Ei-Spargel-Mischung hineingeben und bei schwacher Hitze 8–10 Minuten stocken lassen. Die Pfanne hin und wieder leicht schwenken, damit noch flüssiges Ei an den Rand gelangt.

- Weitere 4–5 Minuten unter dem Grill garen, bis die Oberfläche gebräunt ist.

- Die Frittata in Stücke schneiden und sofort servieren.

1 Gegrillter Spargel

450 g grünen Spargel im unteren Drittel schälen, dann in einer Schüssel mit 2 EL Olivenöl verrühren. Eine Grillpfanne erhitzen und den Spargel 4–5 Minuten darin braten, einmal wenden. Mit etwas Olivenöl beträufeln und nach Belieben würzen. Gehobelten Parmesan darüberstreuen und servieren.

2 Spargelomelett

400 g grünen Spargel im unteren Drittel schälen und 2–3 Minuten in wenig Salzwasser garen. In einer Schüssel 8 Eier mit etwas Salz und frisch gemahlenem Pfeffer sowie 1 EL Wasser verrühren. Eine kleine Pfanne erhitzen und 10 g Butter darin zerlassen. Ein Viertel von der Eimischung hineingeben, 1 Minute stocken lassen, die Pfanne ab und zu leicht schwenken, damit sich das Ei bis an den Rand verteilt. Ein Viertel vom Spargel auf eine Omeletthälfte legen, die andere Hälfte überklappen. Auf einen warmen Teller gleiten lassen. Insgesamt 4 Omeletts zubereiten.

Spinat-Pecorino-Bällchen in Tomatensauce

Für 4 Personen

250 g junge Spinatblätter
1 Ei, verquirlt
1 Knoblauchzehe, zerdrückt
50 g geriebener Pecorino
75 g Semmelbrösel
1 EL Olivenöl
2 Schalotten, in Scheiben geschnitten
1 Dose gehackte Tomaten (400 g)
50 ml Rotwein
2 EL gehackte Basilikumblätter
4 EL geriebener Parmesan
Salz und frisch gemahlener Pfeffer
Pflanzenöl zum Frittieren

- Die Spinatblätter 1–2 Minuten dämpfen, bis sie zusammenfallen. Die Flüssigkeit gut ausdrücken und die Blätter grob hacken.

- In einer Schüssel Spinat mit Ei, Knoblauch, Pecorino, Semmelbröseln und etwas Salz und Pfeffer vermischen.

- Aus dem Teig walnussgroße Bällchen rollen und 15 Minuten kalt stellen.

- In der Zwischenzeit für die Tomatensauce in einem Topf 1 EL Olivenöl erhitzen und die Schalotten 2–3 Minuten darin dünsten. Die gehackten Tomaten und den Rotwein hinzufügen und die Basilikumblätter einrühren. 8–10 Minuten köcheln lassen.

- Einen tiefen Topf gut zur Hälfte mit Pflanzenöl füllen und erhitzen. Das Öl ist heiß genug, wenn ein Brotwürfel darin innerhalb von 30 Sekunden gebräunt wird.

- Portionsweise die Bällchen in 3–4 Minuten goldbraun frittieren. Mit einem Schaumlöffel herausnehmen und auf Küchenpapier abtropfen lassen.

- Mit der Tomatensauce und mit Parmesan bestreut servieren.

Spinat-Pecorino-Salat
3 EL extra natives Olivenöl mit 1 EL Balsamico, 1 TL Dijonsenf und ½ TL Honig zu einem Dressing verrühren, mit Salz und frisch gemahlenem Pfeffer abschmecken. 175 g junge Spinatblätter, 3 EL geröstete Pinienkerne, 2 EL Sultaninen und 1 entkernte und in dünne Streifen geschnittene rote Paprika in einer Schüssel mischen. Mit dem Dressing und 4 EL gehobeltem Parmesan verrühren.

Spinat-Pecorino-Pasta 400 g Spirelli in reichlich Salzwasser al dente kochen. In einer Pfanne 1 EL Olivenöl erhitzen und 2 in Scheiben geschnittene Schalotten darin 3–4 Minuten dünsten. 150 g Ricotta, 12 geviertelte Kirschtomaten und 100 g junge Spinatblätter unterrühren. Pasta abgießen und in die Sauce geben. Mit 3 EL geriebenem Pecorino bestreuen und servieren.

30 Kartoffel-Pilz-Auflauf

Für 4 Personen

1 EL Butter
600 g Kartoffeln
300 g braune Champignons
1 große Zwiebel
125 ml Olivenöl
3 EL gehackte Petersilienblätter
50 g Semmelbrösel
50 g geriebener Parmesan
Salz und frisch gemahlener Pfeffer

- Den Backofen auf 200 °C vorheizen. Eine Auflaufform mit der Butter einfetten. Die Kartoffeln schälen und in dünne Scheiben schneiden, dann in kochendem Wasser 2–3 Minuten blanchieren und abtropfen lassen.

- Champignons und Zwiebeln in dünne Scheiben schneiden und mit den Kartoffeln in die gefettete Form schichten, jede Schicht mit Olivenöl beträufeln und mit gehackten Petersilienblättern bestreuen.

- Gut würzen, Semmelbrösel und Parmesan darüberstreuen. Im Backofen ca. 25 Minuten garen. Die Kartoffeln sollten gar und die Kruste goldbraun sein.

---

1 **Knoblauchpilze mit Kartoffelpüree** In einer Pfanne 3 EL Olivenöl und 25 g Butter erhitzen und 3 zerdrückte Knoblauchzehen 1–2 Minuten darin dünsten. 300 g braune Champignons in Scheiben schneiden und zugeben, 4–5 Minuten dünsten. 600 g Kartoffelpüree (FP) nach Packungsangabe zubereiten. 1 EL gehackte Petersilienblätter unter die Pilze rühren und diese auf dem Kartoffelpüree anrichten. Mit 1 EL Olivenöl beträufeln und servieren.

2 **Kartoffel-Pilz-Salat mit Bohnen** 250 g junge Kartoffeln (Drillinge) in 12–15 Minuten gar kochen. 3 Minuten vor Ende der Garzeit 200 g grüne Bohnen mit in den Topf geben. Abgießen, kalt abschrecken, in eine Servierschüssel geben und 3 EL Olivenöl untermengen. 1 in Scheiben geschnittene rote Zwiebel, 1 EL Kapern und 125 g halbierte Kirschtomaten zugeben. In einer Pfanne 2 EL Olivenöl erhitzen, 125 g gewürfelten Pancetta und 50 g geputzte und gewürfelte braune Champignons darin knusprig braten. Über den Salat geben und servieren.

Suppe aus gerösteten Tomaten

Für 4 Personen

1 kg reife Tomaten
4 Knoblauchzehen, ungeschält
2 EL Olivenöl
1 Zwiebel
1 Karotte
1 Selleriestange
1 rote Paprika
700 ml Gemüsebrühe
4 EL geriebener Parmesan
Salz und frisch gemahlener Pfeffer

- Den Backofen auf 200 °C vorheizen. Die Tomaten halbieren und mit den Knoblauchzehen in eine Auflaufform legen. Mit 1 EL Olivenöl beträufeln und mit etwas Salz und Pfeffer bestreuen. 20 Minuten im Backofen rösten.

- In der Zwischenzeit die Zwiebeln und die Karotte hacken, den Sellerie in feine Scheiben schneiden und die rote Paprika entkernen und fein würfeln.

- In einem Topf 1 EL Olivenöl erhitzen und Zwiebeln, Karotte, Sellerie und Paprika darin bei schwacher Hitze 10 Minuten dünsten.

- Die Form aus dem Ofen nehmen. Die Knoblauchzehen schälen, zerdrücken und zu dem gedünsteten Gemüse in den Topf geben.

- Dann die gerösteten Tomaten und die Brühe hinzufügen. Alles mit einem Pürierstab zu einer glatten Suppe verarbeiten. Nach Geschmack würzen.

- Eventuell noch einmal erhitzen und mit Parmesan bestreut servieren.

 **Tomaten auf gerösteten Brot** Den Backofengrill auf mittlerer Stufe vorheizen. 4 Brotscheiben von beiden Seiten rösten, dann jede Scheibe mit einer Knoblauchzehe einreiben und mit insgesamt 1 Handvoll gehackten Basilikumblättern bestreuen. 4 Tomaten in Scheiben schneiden und auf den Brotscheiben verteilen. Mit insgesamt 125 g geriebenem Mozzarella bestreuen und unter dem Backofengrill rösten, bis der Käse zerlaufen ist.

 **Tomatencremesuppe** In einem Topf 2 EL Olivenöl erhitzen und 1 gehackte Zwiebel, 1 gehackte Karotte, 1 in Scheiben geschnittene Selleriestange und 700 g gehackte Tomaten 5 Minuten darin dünsten. 1 Dose Tomaten (400 g) und 900 ml Gemüsebrühe zugeben und 10 Minuten köcheln lassen. Den Topf vom Herd ziehen und 1 Handvoll gehackte Basilikumblätter einrühren. Alles mit einem Pürierstab zu einer glatten Suppe verarbeiten.

Nach Geschmack würzen und mit etwas Olivenöl beträufelt servieren.

30 Gebackener Ricotta

Für 4 Personen

500 g Ricotta

abgeriebene Schale von 1 unbehandelten Zitrone

4 Eier, verquirlt

40 g geriebener Parmesan

1 TL fein gehackte Thymianblättchen

600 g junge Spinatblätter

4 reife Tomaten, gewürfelt

2 TL extra natives Olivenöl

Salz und frisch gemahlener Pfeffer

- Den Backofen auf 190 °C vorheizen. Ricotta, Zitronenschale, Eier, Parmesan und Thymian in einer Schüssel verrühren und mit Salz und Pfeffer abschmecken. 4 kleine Auflaufformen damit füllen.

- Im Backofen 20–22 Minuten backen, bis die Käsemischung goldbraun und schön aufgegangen ist.

- In der Zwischenzeit in einem Topf den Spinat in wenig Salzwasser 1–2 Minuten dämpfen, bis die Blätter etwas zusammengefallen sind, dann auf 4 Tellern anrichten.

- Den gebackenen Ricotta 1–2 Minuten abkühlen lassen, dann mit einem Messer vom Innenrand der Formen lösen und auf die Spinatblätter stürzen.

- Die gewürfelten Tomaten darüberstreuen und mit 2 TL Olivenöl beträufelt servieren.

1 Ricotta-Paprika-Dip

In einer Schüssel 2 EL Pesto (aus dem Glas) mit 2 EL gerösteten Pinienkernen und 300 g Ricotta verrühren. Je 2 rote und gelbe Paprika entkernen, in dünne Streifen schneiden und mit dem Dip verrühren.

2 Pasta mit Ricottafüllung

Den Backofengrill auf mittlerer Stufe vorheizen. 400 g Conchiglioni in kochendem Wasser 10–12 Minuten al dente garen. 3 entkernte Tomaten mit 500 g Ricotta und 2 EL gehackten Basilikumblättern verrühren. Jeweils 1 EL von der Ricottamischung in jede Pastamuschel füllen und diese nebeneinander in eine gefettete Auflaufform legen. Mit 2 EL Olivenöl beträufeln und mit 2 EL geriebenem Parmesan bestreuen. Unter dem Backofengrill 2–3 Minuten backen und mit einem knackigen grünen Salat servieren.

Dicke-Bohnen-Gemüse mit Anchovis und Tomaten

Für 4 Personen

450 g Kirschtomaten

6 Frühlingszwiebeln

2 Knoblauchzehen

6 Anchovisfilets

1,3 kg Dicke Bohnen (frisch oder aus dem Glas)

3 EL Olivenöl

1 EL gehackte Basilikumblätter

1 EL gehackte Petersilienblätter

50 g Rucola

2 EL gehobelter Parmesan

Salz und frisch gemahlener Pfeffer

- Die Kirschtomaten halbieren. Die Frühlingszwiebeln und die Knoblauchzehen in feine Scheiben schneiden. Die Anchovisfilets hacken.

- Die Dicken Bohnen in kochendem Wasser 1 Minute blanchieren und unter fließend kaltem Wasser abschrecken. Abtropfen lassen, dann aus den Häuten drücken. (Dieser Arbeitsgang entfällt, wenn Sie Bohnen aus dem Glas verwenden.)

- In einer Pfanne 3 EL Olivenöl erhitzen und die Tomaten darin bei mittlerer Temperatur 4–5 Minuten dünsten.

- Die Frühlingszwiebeln und den Knoblauch hinzufügen und weitere 1–2 Minuten dünsten. Die Dicken Bohnen zugeben.

- Die Anchovis und die Kräuter einrühren, gut würzen und weitere 1–2 Minuten dünsten.

- Das Gemüse in eine große Servierschüssel füllen, mit Rucola mischen und mit Parmesanhobeln bestreut servieren.

 **Limabohnen-Anchovis-Püree** 2 Dosen Limabohnen (je 400 g) abspülen und abtropfen lassen. 2–3 Minuten in kochendem Wasser erhitzen und abgießen. ½ gehackte rote Chili mit 4 Anchovisfilets im Mixer stückig pürieren. Limabohnen zugeben und alles grob zerkleinern. 1 Handvoll gehackte Petersilienblätter, Saft von ½ Zitrone und 2–3 EL Olivenöl einrühren und nach Belieben würzen. Schmeckt gut zu gegrilltem Lamm.

 **Röstpaprika mit Tomaten und Anchovis** Den Backofen auf 200 °C vorheizen. 4 halbierte und entkernte Paprika mit der Wölbung nach unten in eine Auflaufform legen. 8 Tomaten in Spalten schneiden und diese in die Schoten legen. Jeweils 1–2 Anchovisfilets sowie 2 in feine Scheiben geschnittene Knoblauchzehen und 1 Rosmarinzweig darauflegen. Die Schoten mit 2–3 EL Olivenöl beträufeln, mit Pfeffer würzen und im Backofen 22–25 Minuten backen.

Pfannkuchen mit Mozzarella und Spinat

Für 4 Personen

125 g Weizenmehl

2 Eier

200 ml Milch, mit 75 ml Wasser gemischt

50 g Butter

200 g junge Spinatblätter

4 Tomaten, in Scheiben geschnitten

400 g Mozzarella, in Scheiben geschnitten

2 EL geriebener Parmesan

Salz und frisch gemahlener Pfeffer

- Für den Teig Mehl und 1 Prise Salz in eine Rührschüssel sieben. In die Mitte eine Vertiefung drücken und die Eier hineingeben. Eier und Mehl verrühren und nach und nach die verdünnte Milch unterrühren. Mit 1 Prise Salz würzen.

- In einer kleinen Pfanne die Butter zerlassen. Die Hälfte zum Teig geben und einarbeiten. Mit der restlichen Butter eine Pfanne gut einfetten, überschüssige Butter mit Küchenpapier entfernen.

- Mit einem Schöpflöffel etwas Teig in die Pfanne geben und diese schwenken, damit sich der Teig gleichmäßig verteilt. Nach 1 Minute prüfen, ob die Unterseite gar ist. Den Pfannkuchen wenden und fertig garen.

- Auf eine Hälfte des Pfannkuchens Spinatblätter, Tomaten- und Mozzarellascheiben legen, mit Salz und Pfeffer würzen. Die andere Hälfte darüberklappen und leicht andrücken. Pfannkuchen in eine Auflaufform legen und warm halten.

- Den Backofengrill auf mittlerer Stufe vorheizen. Aus dem Teig weitere Pfannkuchen backen und füllen. Pfannkuchen mit Parmesan bestreuen und kurz unter dem Grill goldbraun überbacken. Sofort servieren.

Mozzarella-Spinat-Salat 100 g Spinatblätter mit 400 g in Scheiben geschnittenem Mozzarella, 2 dünn geschnittenen Fleischtomaten und 10–12 Basilikumblättern auf einem Servierteller anrichten. Mit Salz und frisch gemahlenem Pfeffer würzen. Zum Servieren mit 2 TL gehackten Oreganoblättchen und 1 EL gerösteten Pinienkernen bestreuen und mit 3 EL extra nativem Olivenöl und 1 EL Balsamico beträufeln.

Mozzarella-Spinat-Pizza Den Backofen auf 200 °C vorheizen. 2 große Pizzaböden (TK) auf 2 Backbleche legen. Mit 500 g Passata (passierte Tomaten) bestreichen. In einer Pfanne 2 EL Olivenöl erhitzen und 2 klein geschnittene Knoblauchzehen sowie 1 gehackte rote Zwiebel darin 1–2 Minuten braten. Dann 500 g Spinatblätter zugeben und weiterrühren, bis die Blätter zusammenfallen, mit Salz und frisch gemahlenem Pfeffer würzen. Den Spinat auf die beiden Pizzaböden verteilen und mit 250 g geriebenem Mozzarella bestreuen. 1 EL gehackte Basilikumblätter daraufgeben. Im Ofen 12–15 Minuten backen, bis der Käse goldbraun ist.

 # Zucchini-Paprika-Spieße

Für 4 Personen

2 rote Paprika
1 gelbe Paprika
2 Zucchini
1 große rote Zwiebel
2 EL Olivenöl
2 EL Zitronensaft
2 EL gehackte Basilikumblätter
Salz und frisch gemahlener Pfeffer

- Den Backofengrill auf mittlerer Stufe vorheizen. Die rote und gelbe Paprika entkernen und in mundgerechte Stücke schneiden. Die Zucchini in 1 cm dicke Scheiben und die rote Zwiebel in Spalten schneiden.

- Das vorbereitete Gemüse in eine Schüssel geben und mit 2 EL Olivenöl, Zitronensaft, Basilikum, Salz und Pfeffer vermischen.

- Das Gemüse auf Spieße stecken und 10–12 Minuten unter dem Grill garen, zwischendurch einmal wenden. Sofort servieren.

 **Zucchini-Paprika-Gemüse** 3 Zucchini längs in 1 cm dicke Scheiben schneiden, 2 rote und 2 gelbe Paprika entkernen und in mundgerechte Stücke schneiden. Eine Grillpfanne erhitzen und das Gemüse 4–5 Minuten darin braten, bis es weich wird und schon gebräunt ist. Auf einen Teller legen, würzen und mit 3 EL gehobeltem Parmesan und 2 EL gehackten Basilikumblättern bestreuen. Zum Servieren mit italienischem Salatdressing beträufeln.

 **Gemüsespieße mit Kräuterpasta** Den Backofengrill auf hoher Stufe vorheizen. 300 g Tagliatelle in reichlich Salzwasser al dente kochen, abgießen und mit 2 EL Olivenöl und 2 EL gehackten Basilikumblättern mischen. In einer Pfanne 1 EL Olivenöl erhitzen und je 1 gewürfelte rote Chili und Knoblauchzehe darin 1 Minute dünsten. 100 g geputzte, klein geschnittene Champignons, 1 in mundgerechte Stücke geschnittene rote Paprika (entkernt) und 1 in Scheiben geschnittene Zucchini hinzufügen.

2–3 Minuten dünsten. Das Gemüse abwechselnd mit 125 g gewürfeltem Halloumi und 3 in dicke Scheiben geschnittenen Frühlingszwiebeln auf Spieße stecken, mit Salz und frisch gemahlenem Pfeffer würzen. Im Backofen 2–3 Minuten grillen. Gemüsespieße auf Kräuterpasta anrichten.

30 Wildpilztarte

Für 4 Personen

375 g Mürbeteig (FP)

10 g getrocknete Steinpilze

1 rote Zwiebel

350 g gemischte Pilze (Wildpilze und
Champignons)

2 EL Olivenöl

2 Eier

100 g Mascarpone

1 TL Thymianblättchen

2 TL grobkörniger Senf

40 g geriebener Parmesan

Salz und frisch gemahlener Pfeffer

- Den Backofen auf 200 °C vorheizen. Boden und Rand einer Tarteform (23 cm Durchmesser) mit dem ausgerollten Teig belegen.
5 Minuten in den Kühlschrank stellen.

- Die Steinpilze in kochendem Wasser einweichen und abgedeckt
ziehen lassen. Die Zwiebeln in dünne Scheiben schneiden. Die
gemischten Pilze putzen und ebenfalls in Scheiben schneiden.

- In einer Pfanne 2 EL Olivenöl erhitzen und die Zwiebeln und die
Pilze darin unter häufigem Rühren 5 Minuten dünsten.

- Die Eier verquirlen und mit dem Mascarpone verrühren. Mit Thymian, Salz und Pfeffer würzen.

- Dann die Steinpilze abgießen, hacken und zu der Eiermischung
geben. Pilze aus der Pfanne ebenfalls hinzufügen und alles gut
verrühren.

- Den Boden der Tarte mit Senf bestreichen und die Pilzmischung
gleichmäßig darauf verteilen.

- Mit Parmesan bestreuen und im Backofen in 20 Minuten goldbraun
backen. In Stücke schneiden und heiß oder kalt servieren.

 **Pilz-Taleggio-Brus-
chetta** Den Backofen-
grill auf hoher Stufe vorheizen. In einer Pfanne 2 EL Olivenöl erhitzen
und 100 g geputzte Wildpilze mit
1 zerdrückten Knoblauchzehe darin
4–5 Minuten braten, salzen und pfeffern. 1 EL gehackte Petersilienblätter
unterrühren. Dann 8 große Scheiben
Baguette von beiden Seiten toasten
und auf jede Scheibe etwas Pilzmischung verstreichen. Jeweils 1 Scheibe Taleggio darauflegen. Unter dem
Grill 1–2 Minuten überbacken, bis der
Käse Blasen wirft. Sofort servieren.

 **Wildpilzragout auf
Polenta** Den Back-
ofengrill auf hoher Stufe vorheizen.
In einer Pfanne 2 EL Olivenöl erhitzen und 350 g gemischte Wildpilze
mit 2 zerdrückten Knoblauchzehen
darin 2–3 Minuten dünsten. Je 1 EL
gehackte Estragon- und Thymianblättchen einrühren sowie 1 Spritzer
Trüffelöl (nach Belieben). 800 ml
Wasser aufkochen und 200 g Instant-Polenta zugeben. Unter Rühren
1 Minute kochen, dann 25 g Butter
und etwas Salz und frisch gemahlenen Pfeffer einrühren. Polenta auf

den Boden einer Auflaufform verstreichen und die Wildpilzmischung
daraufgeben. 200 g gewürfelten Taleggio daraufstreuen und unter dem
Backofengrill überbacken, bis der
Käse goldbraun und zerlaufen ist.

Tomaten-Mozzarella-Salat

Für 4 Personen

3 EL extra natives Olivenöl
Saft von ½ Zitrone
1 TL Honig
1 TL Senf
1 Knoblauchzehe, zerdrückt
800 g reife Tomaten
400 g Mozzarella
10–12 Basilikumblätter
Salz und frisch gemahlener Pfeffer

- 3 EL Olivenöl, Zitronensaft, Honig, Senf, Knoblauch und etwas Salz und Pfeffer zu einem Dressing verrühren.

- Die Tomaten in eine große Schüssel legen und mit kochendem Wasser übergießen. 4–6 Minuten darin ziehen lassen, dann abgießen und unter fließend kaltem Wasser abschrecken. Die Haut abziehen und die Tomaten in Scheiben schneiden.

- Mozzarella in Scheiben schneiden und mit den Tomaten sowie den Basilikumblättern auf Tellern anrichten oder in eine große Servierschüssel geben.

- Vor dem Servieren das Dressing darüberträufeln und den Salat 5 Minuten durchziehen lassen.

Pittapizza mit Tomate und Mozzarella Den Backofengrill auf hoher Stufe vorheizen. 4 Pittabrote unter dem Grill von jeder Seite 1–2 Minuten rösten, dann mit etwas Butter bestreichen und mit 4 Scheiben Prosciutto belegen. 4 Pflaumentomaten und 200 g Mozzarella in Scheiben schneiden. Zuerst die Tomatenscheiben, dann die Mozzarellascheiben auf den Broten verteilen. Mit frisch gemahlenem Pfeffer würzen. Unter dem Grill 3–4 Minuten backen, bis der Käse zerläuft. Mit einigen Basilikumblättern belegen und servieren.

Tomaten-Mozzarella-Tarte Den Backofen auf 200 °C vorheizen. 300 g Blätterteig (TK) auf einer leicht bemehlten Arbeitsfläche quadratisch (ca. 25 x 25 cm) ausrollen. Auf ein Backblech legen und einen etwa 2,5 cm breiten Rand einritzen. Im Backofen in 10 Minuten goldbraun backen. Inzwischen 600 g reife Tomaten und 200 g Mozzarella in Scheiben schneiden. Tarteboden aus dem Backofen nehmen und Tomaten- und Mozzarellascheiben leicht überlappend auf den Teigboden legen, dabei den Rand frei lassen. Nach

Belieben würzen. Mit 10–12 Basilikumblättern belegen und mit 2 EL Pinienkernen bestreuen. Weitere 10–12 Minuten backen, bis der Käse geschmolzen und der Teig goldbraun ist. 60 g Rucola mit 2 EL Olivenöl und 1 EL Balsamico vermischen und dazu servieren.

 # Birnensalat mit Walnüssen und Gorgonzola

Für 4 Personen

3 EL extra natives Olivenöl
1 TL Dijonsenf
1 EL Weißweinessig
1 TL feiner Zucker
40 g Walnusshälften
1 Radicchio
1 Römersalatherz
2 Birnen
50 g Rucola
175 g Gorgonzola
Salz und frisch gemahlener Pfeffer

- 3 EL Olivenöl, Senf, Essig und Zucker in einer kleinen Schüssel zu einem Dressing verrühren, mit Salz und Pfeffer abschmecken.

- In einer Pfanne die Walnüsse ohne Fett goldbraun rösten, damit sie ihr Aroma freisetzen.

- Vom Radicchio die Blätter ablösen. Die Blätter des Römersalates ebenfalls lösen und in Stücke zupfen. Die Birnen entkernen und in mundgerechte Stücke schneiden.

- In einer Schüssel Radicchio, Rucola und Römersalat mischen. Die Salatblätter auf 4 Teller verteilen und Birnenstücke und Walnüsse dazugeben. Gorgonzola darüberbröckeln.

- Mit Dressing beträufeln und sofort servieren.

 ### Gorgonzola mit warmen Marsala-Birnen

4 Gorgonzolascheiben (je 100 g) auf einen Servierteller legen. 2 Birnen schälen, entkernen und achteln. In einer Pfanne 1 EL Olivenöl erhitzen und die Birnen von jeder Seite 3–4 Minuten darin erwärmen. 2 EL Honig und 2 EL Marsala verrühren und in die Pfanne zu den Birnen geben, einige Minuten köcheln und eindicken lassen. Die Birnen mit einem Schaumlöffel herausnehmen und auf den Gorgonzola legen. 60 g Walnusshälften im restlichen Sirup erhitzen. Sirup und Walnüsse über die Birnen geben und servieren.

Birnen-Walnuss-Pizza mit Gorgonzola

Den Backofen auf 200 °C vorheizen. In einer Pfanne 1 EL Olivenöl erhitzen und 1 große, in dünne Scheiben geschnittene rote Zwiebel darin 4–5 Minuten braten. 2 geschälte, entkernte und in Scheiben geschnittene Birnen zugeben. 2 EL Balsamico und etwas frisch gemahlenen Pfeffer hinzufügen und so lange dünsten, bis die Zwiebeln zu bräunen beginnen. 4 Pizzaböden (FP) mit jeweils 2 EL Passata (passierte Tomaten) bestreichen, dann die Birnenmischung gleichmäßig auf die 4 Böden verteilen. Auf jeden Boden 200 g zerkrümelten Gorgonzola geben und mit 60 g Walnüssen bestreuen. Im Backofen 10–12 Minuten backen.

Borlottibohnen-Bruschetta mit gerösteter Paprika

Für 4 Personen

1 großes Baguette
3 EL Olivenöl
1 Knoblauchzehe
1 Dose Borlottibohnen (400 g)
3 Frühlingszwiebeln
100 g geröstete rote Paprika aus dem
   Glas
6 Basilikumblätter, gehackt
Salz und frisch gemahlener Pfeffer

- Den Backofengrill auf hoher Stufe vorheizen. Das Baguette in 8 Scheiben schneiden und diese auf ein Backblech legen und mit 2 EL Olivenöl beträufeln. 2–3 Minuten von jeder Seite goldbraun grillen.

- Alle Brotscheiben mit der Knoblauchzehe einreiben.

- Die Bohnen abspülen und abtropfen lassen. Frühlingszwiebeln in dünne Scheiben schneiden. Geröstete rote Paprika abtropfen lassen und in Streifen schneiden.

- Bohnen und Frühlingszwiebeln in eine Schüssel geben und mit einer Gabel leicht zerdrücken.

- Paprika, Basilikum und 1 EL Olivenöl unterrühren und mit etwas Salz und Pfeffer abschmecken.

- Die Bohnenmischung auf den Baguettescheiben verteilen und sofort servieren.

Borlottibohnensalat 1 Dose Borlottibohnen (400 g) abspülen und abtropfen lassen, in eine große Schüssel geben und mit 3 in dünne Scheiben geschnittenen Frühlingszwiebeln, 100 g abgetropften und gehackten gerösteten roten Paprika aus dem Glas, 2 gehackten Tomaten sowie 4–5 zerkleinerten Basilikumblättern, 2 EL Olivenöl und 1 EL Balsamico vermischen.

Bohnen-Paprika-Salat mit Ziegenkäse Den Backofengrill auf hoher Stufe vorheizen. 4 rote Paprika halbieren und entkernen. Mit der Wölbung nach oben unter den heißen Grill legen, bis die Haut schwarz wird. In eine große Schüssel geben, mit Frischhaltefolie abdecken und abkühlen lassen. Dann die Haut der Paprika abziehen und diese in Streifen schneiden. 3 EL extra natives Olivenöl mit dem Saft von ½ Zitrone, 1 TL Dijonsenf und ½ TL Zucker zu einem Dressing verrühren, mit Salz und frisch gemahlenem Pfeffer abschmecken. Die zerzupften Blätter eines Römersalates mit einer geschälten und in dünne Scheiben geschnittenen roten Zwiebel, 150 g halbierten Kirschtomaten, 2 EL grob gehackten Petersilienblättern und 1 Dose Borlottibohnen (400 g, abgespült und abgetropft) in einer Salatschüssel vermischen. Paprika zugeben. 4 Scheiben Ziegenkäse 3–4 Minuten unter dem Grill goldbraun überbacken. Den Salat auf 4 Tellern anrichten und jeweils mit 1 Scheibe Ziegenkäse krönen. Das Dressing darüberträufeln und den Salat mit gehackten Oreganoblättchen bestreuen.

Frittierte Reisbällchen

Für 4 Personen

800 ml Erdnussöl
100 g Mozzarella
700 g kalter Spinatrisotto (Reste oder FP)
2 Eier
150 g Semmelbrösel
40 g Rucola

- Erdnussöl in eine Fritteuse oder einen großen Topf geben und auf 180–190 °C erhitzen. Mozzarella würfeln. Mit feuchten Händen eine kleine Handvoll kalten Risotto nehmen und flach drücken. In die Mitte einen Mozzarellawürfel geben und den Reis zu einem Bällchen formen. Auf diese Weise aus Risotto und Mozzarella 12 Reisbällchen zubereiten.

- In einer flachen Schale das Ei verquirlen, die Semmelbrösel in eine weitere Schale geben. Jeden Ball zuerst in Ei tauchen, dann in den Semmelbröseln wälzen.

- Nach und nach die Reisbällchen 3–4 Minuten im heißen Erdnussöl frittieren. Das Fett ist heiß genug, wenn ein kleiner Brotwürfel innerhalb von 30 Sekunden gebräunt ist. Mit einem Schaumlöffel herausnehmen und auf Küchenpapier abtropfen lassen.

- Mit dem Rucola garnieren und sofort servieren.

Reissalat mit Spargel 400 g gegarten Langkornreis, 250 g Spargelspitzen aus dem Glas, 1 entkernte und gehackte rote Paprika, 2 EL gehackte sonnengereifte, getrocknete Tomaten, Saft und abgeriebene Schale von 1 unbehandelten Zitrone, 2 EL extra natives Olivenöl, 250 g halbierte Mini-Mozzarella und 1 Handvoll gehackte Basilikumblätter in eine Salatschüssel geben und mischen. Gut würzen und servieren.

Hähnchen mit Tomatenreis Den Backofen auf 200 °C vorheizen. In einem Topf 2 EL Olivenöl erhitzen und 2 in Streifen geschnittene Hähnchenbrustfilets darin 3–4 Minuten braten. 2 in dicke Stücke geschnittene rote Zwiebeln, 3 klein geschnittene Knoblauchzehen und 3 entkernte und in mundgerechte Stücke geschnittene Paprika zugeben und 4–5 Minuten mitbraten. 200 g Langkornreis einrühren und 1 Dose gehackte Tomaten (400 g) sowie 450 ml Hühnerbrühe hinzufügen. Aufkochen lassen und abschmecken, dann das Ganze in eine Auflaufform füllen. Im Backofen 15–18 Minuten backen bzw. so lange, bis die Brühe vollständig aufgenommen ist und Reis und Hähnchen gar sind. Mit 2 EL geriebenem Parmesan bestreuen und servieren.

30 Wirsingsuppe mit Parmesan

Für 4 Personen

1 Zwiebel

2 Knoblauchzehen

4 EL Olivenöl

½ TL Fenchelsamen

1 Kartoffel

1 Wirsing

1 l Gemüsebrühe

75 g geriebener Parmesan zzgl.
   etwas zum Servieren

Salz und frisch gemahlener Pfeffer

• Die Zwiebeln hacken und die Knoblauchzehen zerdrücken. In einem Topf 2 EL Olivenöl erhitzen und Zwiebeln, Knoblauch und Fenchelsamen darin 3–4 Minuten braten.

• Die Kartoffel schälen und würfeln. 4 Kohlblätter grob zerzupfen und beiseitelegen. Restlichen Kohl in feine Streifen schneiden, mit der gewürfelten Kartoffel in den Topf geben und 3–4 Minuten dünsten. Mit der Brühe ablöschen.

• Die Suppe 10 Minuten köcheln lassen, bis die Kartoffel gar ist. Den geriebenen Parmesan einrühren.

• Die Suppe mit einem Pürierstab glatt mixen. Nach Geschmack würzen.

• Die restlichen 2 EL Olivenöl erhitzen und die zerzupften Kohlblätter darin unter Rühren braten. Die Suppe in Schalen anrichten und den gebratenen Kohl daraufgeben.

• Mit Parmesan bestreut servieren. Dazu Brot reichen.

1 **Krautsalat mit Kräutervinaigrette** 3 EL extra natives Olivenöl, 1 EL Weißweinessig, 1 EL gehackte Petersilienblätter, ½ EL Zitronensaft, 1 zerdrückte Knoblauchzehe, ½ TL gerebelten Basilikum und 1 Prise gerebelten Oregano zu einem Dressing verrühren, mit Salz und frisch gemahlenem Pfeffer abschmecken. In einer großen Schüssel ½ fein gehobelten Weißkohl, 2 in feine Scheiben gehobelte Karotten und ½ fein gehackte Zwiebel mischen und das Dressing unterziehen.

2 **Wirsing-Reis-Topf** In einer Pfanne 3 EL Olivenöl erhitzen und 1 gehackte Zwiebel darin 2–3 Minuten andünsten. 450 g in Streifen geschnittenen Wirsing zugeben und unter Rühren weiterdünsten, bis der Kohl zusammenfällt. 250 g Arborio-Reis einrühren und 1 l Rinderbrühe zugießen. Aufkochen und 15–16 Minuten köcheln lassen, bis der Reis al dente ist. 25 g Butter und 40 g geriebenen Parmesan unterziehen. Gut abschmecken und servieren.

Überbackene Auberginen

Für 4 Personen

2 Auberginen
4 EL Olivenöl
4 Tomaten
200 g Mozzarella
1 Handvoll Basilikumblätter
2 EL geröstete Pinienkerne
Salz und frisch gemahlener Pfeffer
frischer grüner Salat zum Garnieren

- Den Backofen auf 200 °C vorheizen. Auberginenhälften längs halbieren und auf ein Backblech legen. Mit Olivenöl beträufeln und im Backofen in 20 Minuten weich garen.

- Die Tomaten und den Mozzarella in Scheiben schneiden. Auberginen aus dem Ofen nehmen, Tomaten- und Mozzarellascheiben darauflegen und weitere 5 Minuten backen, bis der Käse geschmolzen ist.

- Basilikum und Pinienkerne darüberstreuen und mit Salz und Pfeffer würzen. Mit Salatblättern anrichten.

 Zwiebelbruschetta mit Auberginendip In einer Pfanne 1 EL Olivenöl erhitzen und bei schwacher Hitze 1 in Scheiben geschnittene Zwiebel darin 6 Minuten glasig dünsten, dann ½ TL Zucker einrühren und weiterbraten, bis die Zwiebeln zu karamellisieren beginnen. 1 TL Balsamico zugeben. 8 Ciabattascheiben von beiden Seiten rösten und mit Auberginendip (FP) bestreichen. Die karamellisierten Zwiebeln daraufgeben und servieren.

 **Auberginen-Ziegenkäse-Pasta** 400 g Pasta nach Wahl in reichlich Salzwasser al dente kochen. In einer Pfanne 1 EL Olivenöl erhitzen und 1 gehackte Zwiebel und 2 klein geschnittene Knoblauchzehen darin 3–4 Minuten dünsten. 1 gewürfelte Aubergine zugeben und 4–5 Minuten mitdünsten. 1 Dose gehackte Tomaten (400 g) hinzufügen und das Ganze 3–4 Minuten köcheln lassen, mit Salz und frisch gemahlenem Pfeffer abschmecken. Pasta abgießen und mit 100 g zerbröckeltem Ziegenkäse und 1 Handvoll zerkleinerten Basilikumblättern in die Sauce geben und gut vermischen.

 # Überbackener Fenchel mit Gorgonzola

Für 4 Personen

4 Fenchelknollen

3 EL Olivenöl

200 g Gorgonzola

Salz und frisch gemahlener Pfeffer

- Den Backofen auf 200 °C vorheizen. Fenchel putzen und längs in Scheiben schneiden.

- In einer Pfanne 3 EL Öl erhitzen und den Fenchel darin 2–3 Minuten andünsten, dann in eine Auflaufform legen.

- Den Gorgonzola zerkrümeln und den Fenchel damit bestreuen.

- Im Ofen 25 Minuten backen. Der Fenchel sollte weich sein und an den Rändern eine goldbraune Farbe haben.

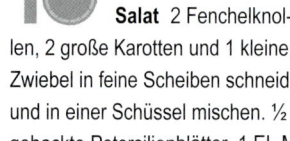 **Fenchel-Karotten-Salat** 2 Fenchelknollen, 2 große Karotten und 1 kleine Zwiebel in feine Scheiben schneiden und in einer Schüssel mischen. ½ EL gehackte Petersilienblätter, 1 EL Mayonnaise und den Saft von ½ Zitrone unterrühren. Mit Salz und frisch gemahlenem Pfeffer abschmecken.

Fenchel-Orangen-Salat mit Gorgonzola-Croûtons Den Backofengrill auf hoher Stufe vorheizen. 2 Orangen schälen und in einzelne Segmente teilen, den Saft dabei auffangen. Orangensaft mit 3 EL extra nativem Olivenöl, 2 TL Honig und 1 TL grobkörnigem Senf zu einem Dressing verrühren, gut abschmecken. 3 EL Kürbiskerne in einer Pfanne ohne Fett goldbraun rösten. Die Orangenstücke, 2 in feine Scheiben geschnittene Fenchelknollen und 50 g Brunnenkresse mit dem Dressing vermengen. Für die Croûtons ein Baguette in 8 Scheiben schneiden. Eine Seite unter dem Grill rösten, die Scheiben wenden und mit insgesamt 175 g Gorgonzola bestreichen. So lange grillen, bis der Käse goldbraun ist und Blasen wirft. Salat auf 4 Tellern anrichten und jeweils 2 Gorgonzola-Croûtons drauflegen. Vor dem Servieren mit den Kürbiskernen bestreuen.

Wildpilz-Crostini

Für 4 Personen

2 dünne Baguettes
4 EL Olivenöl
2 Knoblauchzehen, 1 ganz gelassen,
   1 zerdrückt
1 Schalotte, gewürfelt
125 g gemischte Wildpilze
1 EL gehackte Petersilienblätter
Salz und frisch gemahlener Pfeffer

- Den Backofen auf 200 °C vorheizen. Die Baguettes schräg in 2,5 cm dicke Scheiben schneiden. Die Scheiben auf ein Backblech legen und mit 2 EL Olivenöl bestreichen.

- Im Backofen in 4–5 Minuten goldbraun backen. Jede Scheibe mit der ganzen Knoblauchzehe einreiben und warm halten.

- In einer Pfanne die restlichen 2 EL Öl erhitzen und die Schalotten und die zerdrückte Knoblauchzehe darin 3–4 Minuten andünsten. Die Wildpilze putzen, würfeln, zugeben und so lange dünsten, bis sie ihre Säfte vollständig freigesetzt haben. Die gehackte Petersilie einrühren und mit Salz und Pfeffer würzen.

- Die Pilzmischung auf die Crostini streichen und sofort servieren.

Wildpilzomelett In einer Pfanne 1 EL Olivenöl und 20 g Butter erhitzen und ½ in feine Scheiben geschnittene Zwiebel darin 1–2 Minuten andünsten. 125 g gewürfelte Wildpilze zugeben und 2–3 Minuten mitdünsten. 6 Eier verquirlen und ½ EL gehackte Estragonblättchen unterrühren, mit Salz und frisch gemahlenem Pfeffer abschmecken. Die Eiermischung in die Pfanne geben und diese schwenken, damit sich die Masse gleichmäßig verteilt. Ist das Omelett gestockt, vorsichtig eine Hälfte über die andere klappen und auf einen vorgewärmten Teller gleiten lassen. Mit denselben Zutaten ein weiteres Omelett zubereiten. Die Omeletts halbieren und mit einem grünen Salat servieren.

Pasta mit Spargel und Wildpilzen 400 g Pasta nach Wahl in reichlich Salzwasser al dente kochen. In einer Pfanne 1 EL Olivenöl erhitzen und 400 g geputzten und halbierten grünen Spargel 3–4 Minuten darin braten. 4 EL Gemüsebrühe, ½ TL Chiliflocken und 200 g Wildpilze (sind diese nicht erhältlich, Champignons nehmen) zugeben und 4–5 Minuten mitbraten. Gut abschmecken. Pasta abgießen und mit dem Spargel-Pilz-Gemüse vermischen. Mit 2 EL geriebenem Parmesan bestreuen und servieren.

Cremige Kürbis-Apfel-Suppe

Für 4 Personen

2 Tomaten

2 EL Olivenöl

1 Zwiebel, gehackt

600 g Kürbisfleisch, in Stücke geschnitten

1 säuerlicher Apfel, geschält, entkernt und gehackt

900 ml Gemüsebrühe

100 g Sahne

1 EL fein gehackte Petersilienblätter

Salz und frisch gemahlener Pfeffer

- Die Tomaten in eine Schüssel legen und mit kochendem Wasser bedecken. 10 Minuten ziehen lassen, dann abgießen und mit kaltem Wasser abschrecken. Die Haut abziehen und die Tomaten hacken.

- In einem großen Topf 2 EL Olivenöl erhitzen und die Zwiebeln darin 3–4 Minuten andünsten.

- Das Kürbisfleisch hinzufügen und mit den Zwiebeln vermengen. Den gehackten Apfel und die gehackten Tomaten einrühren.

- Die Brühe zugießen und aufkochen lassen. Zugedeckt 20 Minuten köcheln, bis der Kürbis gar ist.

- Die Suppe etwas abkühlen lassen, dann die Sahne einrühren. Das Ganze mit einem Pürierstab zu einer glatten Suppe verarbeiten.

- Noch einmal langsam erhitzen, mit Salz und Pfeffer würzen und sofort mit Petersilie bestreut servieren.

1 **Kürbishummus** 1 Glas Kürbis (200 g) mit 3 EL Tahini (Sesampaste), 1–2 zerdrückten Knoblauchzehen, 1 Dose Kichererbsen (400 g, abgespült und abgetropft), 1 EL Zitronensaft und ½ TL gemahlenem Kreuzkümmel in eine Küchenmaschine geben und grob pürieren. Nach und nach so viel Olivenöl untermengen, bis das Ganze die gewünschte cremige Konsistenz hat. Mit Salz und frisch gemahlenem Pfeffer würzen. Hummus zu Gemüsestiften (z. B. Karotten, Paprika, Kohlrabi, Staudensellerie) servieren.

2 **Kürbis-Kichererbsen-Salat** Den Backofen auf 200 °C vorheizen. 1 kg Kürbisfleisch fein würfeln und in eine ofenfeste Schüssel geben. Mit 1 zerdrückten Knoblauchzehe, ½ TL gemahlenem Kreuzkümmel und 2 EL Olivenöl vermengen und im Backofen 15 Minuten garen. Das Kürbisfleisch anschließend mit 1 Dose Kichererbsen (400 g, abgespült und abgetropft), 1 gewürfelten kleinen roten Zwiebel, 150 g zerbröckeltem Feta, 50 g klein geschnittenen sonnengetrockneten Tomaten und 50 g Rucola vermengen. Mit italienischem Salatdressing servieren.

Grillradicchio mit Pancetta

Für 4 Personen

2 EL Olivenöl

½ EL Balsamico

3 Knoblauchzehen, zerdrückt

1 EL gehackter Rosmarin

2 Radicchio

8 Scheiben Pancetta

Salz und frisch gemahlener Pfeffer

gehobelter Pecorino zum Garnieren

- Den Backofengrill auf hoher Stufe vorheizen. In einer großen Schüssel 2 EL Olivenöl, Balsamico, Knoblauch und Rosmarin verrühren und mit Salz und Pfeffer würzen. Radicchio vierteln, in die Marinade legen und 10 Minuten ziehen lassen.

- Jedes Radicchioviertel mit einer Pancettascheibe umwickeln.

- In eine ofenfeste Form legen und unter dem Grill 5–6 Minuten backen, gelegentlich wenden. Die Radicchioränder sollten dann knusprig und gebräunt sein.

- Den Radicchio auf Tellern anrichten, mit der restlichen Marinade beträufeln und mit Pecorino bestreuen.

Radicchiosalat mit Pancetta

Den Backofengrill auf hoher Stufe vorheizen. 50 g gewürfelten Pancetta unter dem Grill knusprig backen. 1 in dünne Scheiben geschnittener Radicchio mit 2 geputzten, in Stifte geschnittenen Karotten und 1 geputzten, in Stücke geschnittenen Fenchelknolle mischen. 2 EL Mayonnaise, Saft von ½ Zitrone und etwas Salz und frisch gemahlenen Pfeffer verrühren und untermengen. Salat mit den knusprigen Pancettawürfeln bestreuen und servieren.

Radicchiorisotto

In einem Topf 2 EL Olivenöl erhitzen und 2 fein gehackte Zwiebeln und 50 g gewürfelten Pancetta darin 3–5 Minuten andünsten. 1 zerkleinerten Radicchio zugeben und 2–3 Minuten mitdünsten. 300 g Arborio-Reis zugeben und rühren, bis alle Körner mit Fett überzogen sind. Dann 200 ml Weißwein zugießen und 1–2 Minuten kochen, bis dieser vollständig aufgenommen ist. Nach und nach (jeweils 1 Schöpfkelle) 750 ml heiße Hühnerbrühe zugeben und ständig rühren, bis die Flüssigkeit vollständig aufgenommen und der Reis al dente ist. Den Topf vom Herd ziehen und 25 g Butter und 25 g geriebenen Parmesan einrühren. Mit 2–3 EL geriebenem Parmesan bestreuen und servieren.

Zwiebeln mit Spinat-Käse-Füllung

Für 4 Personen

4 große Zwiebeln, geschält

1 EL Olivenöl

150 g Spinatblätter

100 g Ricotta

1 Eigelb

1 TL gehackte Thymianblättchen

25 g Fontina

40 g geriebener Parmesan

25 g Butter

Salz und frisch gemahlener Pfeffer

50 g Rucola und 3 EL Balsamicocreme zum Garnieren

- Den Backofen auf 200 °C vorheizen. In einem großen Topf Wasser aufkochen und die Zwiebeln darin 5 Minuten blanchieren. Abgießen und 5 Minuten abkühlen lassen.

- In der Zwischenzeit in einem großen Topf 1 EL Olivenöl erhitzen, den Spinat zugeben und zusammenfallen lassen, dann grob hacken. Spinat mit Ricotta, Eigelb, Thymian, Fontina und 20 g Parmesan in einer Schüssel mischen, mit Salz und Pfeffer würzen.

- Von jeder Zwiebel einen Deckel abschneiden und die mittleren Schichten mit einer Gabel herausnehmen.

- Die Zwiebeln mit der Käsemischung füllen und in eine Auflaufform setzen. Mit dem restlichen Parmesan bestreuen, die Butter in Würfeln daraufsetzen. Das Ganze im Backofen 15 Minuten backen, bis der Käse goldbraun ist und Blasen wirft.

- Rucola auf Tellern anrichten, mit Balsamicocreme beträufeln und die Zwiebeln jeweils daraufsetzen.

Käse-Zwiebel-Bruschetta Den Backofengrill auf hoher Stufe vorheizen. In einer Pfanne 1 EL Olivenöl erhitzen und 1 große, in feine Scheiben geschnittene Zwiebel darin 2–3 Minuten andünsten. ½ TL Zucker und 1 TL Balsamico einrühren. Weitere 1–2 Minuten dünsten und karamellisieren lassen. 8 Scheiben Ciabatta von beiden Seiten rösten. Jede Scheibe mit karamellisierten Zwiebeln belegen. 100 g Gorgonzola zerbröckeln und die Ciabattascheiben damit bestreuen. Unter dem Grill überbacken, bis der Käse Blasen wirft.

Zwiebelsuppe In einem Topf 2 EL Olivenöl erhitzen und 4 zerdrückte Knoblauchzehen, 4 in feine Scheiben geschnittene rote Zwiebeln, 4 in feine Scheiben geschnittene Schalotten sowie 3–4 Salbeiblätter darin zugedeckt bei schwacher Hitze 10–12 Minuten dünsten. Ab und zu umrühren. 1 TL Zucker und 1 TL Balsamico einrühren und gut würzen. Dann 1,8 l heiße Gemüse- oder Hühnerbrühe zugießen und weitere 4–5 Minuten köcheln lassen. Die Zwiebelsuppe mit kleinen, mit Käse belegten Toastscheiben servieren.

30 Panzanella

Für 4 Personen

300 g vollreife Tomaten

125 g Ciabatta vom Vortag

16 entsteinte schwarze Oliven

3 TL Kapern

½ rote Zwiebel

300 g rote und gelbe Kirschtomaten

1 EL Rotweinessig

2 EL Olivenöl

Salz und frisch gemahlener Pfeffer

- Für den Brotsalat die Tomaten in Stücke schneiden und in ein Sieb geben. Das Sieb in eine Schüssel hängen und dann mit dem Löffelrücken die Tomaten so zerdrücken, dass sie ihren Saft freisetzen.

- Das altbackene Brot grob zerpflücken und in den Tomatensaft legen. 15 Minuten ruhen lassen, dann das Ganze in eine Servierschüssel geben.

- Die rote Zwiebel in Scheiben schneiden. Die Kirschtomaten halbieren. Zwiebeln und Tomaten zusammen mit den Oliven und Kapern über das Brot geben.

- Rotweinessig und 2 EL Olivenöl mit Salz und Pfeffer zu einer Marinade verrühren und vor dem Servieren über den Salat träufeln.

---

1 **Tomatenbruschetta** 8 Scheiben Ciabatta von beiden Seiten rösten, dann mit einer Knoblauchzehe einreiben. Ciabatta mit 300 g gehackten Tomaten und 2 TL Kapern belegen. Mit gehackten Basilikumblättern bestreuen und mit etwas Olivenöl beträufeln.

2 **Tomatensalat mit Croûtons** 1 Ciabatta in Würfel schneiden. In einer Pfanne 2 EL Olivenöl erhitzen und die Brotwürfel darin goldbraun braten. Auf Küchenpapier abtropfen lassen. 300 g grob gehackte reife Tomaten, 16 entsteinte schwarze Oliven, ½ in Scheiben geschnittene rote Zwiebel,

300 g rote und gelbe Kirschtomaten, 6–8 zerkleinerte Basilikumblätter und 60 g junge Spinatblätter in einer Schüssel mischen. Vor dem Servieren mit 2 EL Olivenöl und 1 EL Rotweinessig beträufeln, mit Salz und frisch gemahlenem Pfeffer würzen. Croûtons darüberstreuen.

10 Parmesantaler

Für 4 Personen

150 g geriebener Parmesan

- Den Backofen auf 160 °C vorheizen. 2 Backbleche mit Backpapier belegen. 1 rundes Ausstechförmchen (5 cm Durchmesser) auf das Backpapier legen. 1 gehäuften TL geriebenen Parmesan hineingeben und zu einem Kreis verstreichen.

- Ausstechform vorsichtig abnehmen und das Ganze mit dem restlichen Käse wiederholen. Zwischen den einzelnen Käsekreisen 5 mm Abstand lassen.

- Im Backofen in 8 Minuten goldbraun backen.

- Die Parmesantaler mit einem Palettenmesser vom Blech nehmen und auf einem Rost abkühlen lassen.

- Bis zum Verzehr in einer Dose aufbewahren.

20 Parmesanbrötchen

Den Backofen auf 220 °C vorheizen. 225 g Mehl, 1 TL Backpulver, 40 g Butter und 20 g geriebenen Parmesan in eine Küchenmaschine geben und zu einem Teig verarbeiten, der an feine Brotkrumen erinnert. Herausnehmen und auf einer leicht bemehlten Arbeitsfläche mit der Hand kneten und 2 cm dick ausrollen. Mit einer Plätzchenform (6 cm Durchmesser) 8 Brötchen ausstechen. Auf ein Backblech legen, mit etwas geriebenem Parmesan bestreuen und im Backofen in 12–15 Minuten goldbraun backen.

30 Parmesangebäck mit Thymian

Den Backofen auf 180 °C vorheizen. 75 g Butter in eine Rührschüssel geben und cremig schlagen. 85 g Weizenmehl, 85 g geriebenen Parmesan, 2 TL Olivenöl und 1 ½ TL gehackte Thymianblättchen hinzufügen. Mit den Händen zu einem glatten Teig kneten. Den Teig auf einer leicht bemehlten Arbeitsfläche ca. 5 mm dick ausrollen und mit einer runden Plätzchenform (etwa 4–5 cm Durchmesser) 18–20 Kreise ausstechen. 15 Minuten kalt stellen. Auf ein Backblech legen und im Backofen in 7–8 Minuten hellbraun backen.

Dicke-Bohnen-Suppe mit Minze

Für 4 Personen

500 g Dicke Bohnen
2 Schalotten
1 große Karotte
1 Selleriestange
2 EL Olivenöl
900 ml Gemüsebrühe
½ TL gehackte Minzeblätter
4 EL Sahne
Salz und frisch gemahlener Pfeffer

- Die Dicken Bohnen in kochendem Wasser 3–4 Minuten blanchieren, abgießen und mit kaltem Wasser abschrecken. Dann die Bohnen aus den Häuten drücken.

- Die Schalotten, die Karotte und die Selleriestange würfeln. In einem Topf 2 EL Olivenöl erhitzen und die Gemüsewürfel 5–6 Minuten darin andünsten. Die Dicken Bohnen unterrühren.

- Die Brühe zugießen, aufkochen und 8–10 Minuten köcheln lassen.

- Die Minze einrühren und alles mit dem Pürierstab zu einer glatten Suppe verarbeiten.

- Nach Geschmack würzen und vor dem Servieren je 1 EL Sahne spiralförmig einrühren.

Dicke-Bohnen-Dip
450 g Dicke Bohnen in kochendem Wasser 3–4 Minuten blanchieren, abgießen und mit kaltem Wasser abschrecken. Die Bohnen aus den Häuten drücken. Die Dicken Bohnen in eine Küchenmaschine geben und 1 gehackte rote Zwiebel sowie 1 Handvoll Minzeblätter hinzufügen. Alles in der Küchenmaschine fein pürieren. 350 g Crème fraîche unterrühren, dann mit dem Saft von ½ Zitrone und etwas Salz und frisch gemahlenem Pfeffer abschmecken. Mit getoasteten Ciabattascheiben servieren.

Bohnen-Erbsen-Salat mit Halloumi 300 g Dicke Bohnen und 200 g Erbsen in kochendem Wasser 3–4 Minuten blanchieren, abgießen und mit kaltem Wasser abschrecken. Die Dicken Bohnen aus den Häuten drücken. In einer kleinen Pfanne 2 EL extra natives Olivenöl erhitzen und 2 Handvoll Brotwürfel, 2 zerdrückte Knoblauchzehen und 2 TL gehackte Basilikumblätter so lange darin rösten, bis die Croûtons goldbraun sind. Auf Küchenpapier abtropfen lassen. Eine Grillpfanne erhitzen und 250 g in Scheiben geschnittenen Halloumi von beiden Seiten braten, bis dieser Grillstreifen aufweist. 3 EL extra natives Olivenöl, 1 EL Balsamico, 1 TL grobkörniger Senf und ½ TL Honig zu einem Dressing verrühren, mit Salz und frisch gemahlenem Pfeffer abschmecken. Dicke Bohnen und Erbsen mit 2 EL zerkleinerten Minzeblättern, 50 g Rucola und den Croûtons mischen. Den gegrillten Halloumi daraufgeben und mit dem Dressing übergießen.

Kichererbsen-Maronen-Suppe

Für 4 Personen

2 Selleriestangen

2 Knoblauchzehen

1 rote Chili, entkernt

1 Dose Kichererbsen (400 g)

3 EL Olivenöl

1 TL gehackter Rosmarin

1 Dose gehackte Tomaten (400 g)

400 g Maronen (vakuumverpackt und essfertig)

400 ml Gemüsebrühe

2 EL geriebener Parmesan

Salz und frisch gemahlener Pfeffer

- Die Selleriestangen, die Knoblauchzehen und die Chili hacken. Die Kichererbsen abspülen und abtropfen lassen.

- In einem Topf 1 EL Olivenöl erhitzen und Sellerie, Knoblauch, Chili und Rosmarin 2–3 Minuten darin andünsten.

- Die gehackten Tomaten, die Maronen und die Kichererbsen sowie die Brühe zugeben und das Ganze 8–10 Minuten köcheln lassen.

- Ein Drittel der Suppe abnehmen, mit dem Pürierstab zu einer feinen Creme verarbeiten und wieder in den Topf geben. Mit Salz und Pfeffer abschmecken.

- Die Suppe auf vorgewärmten tiefen Tellern anrichten und mit etwas Olivenöl beträufelt und geriebenem Parmesan bestreut servieren.

 **Kichererbsensalat mit Maronen und Feta**

1 Dose abgespülte und abtropfte Kichererbsen (400 g) mit ½ gewürfelten roten Chili, den zerkleinerten Blättern von 2 Salatherzen, 100 g geviertelten Kirschtomaten, 50 g gehackten Maronen (vakuumverpackt) und 1 entkernten und gewürfelten roten Paprika mischen. 200 g zerkrümelten Feta dazugeben. 2–3 EL italienisches Salatdressing unterrühren und den Salat mit knusprigem Brot servieren.

Schweinekoteletts mit Maronensauce und Kartoffelpüree Den Backofengrill auf hoher Stufe vorheizen. Für die Maronensauce in einer Pfanne 2 EL Olivenöl erhitzen und 100 g gewürfelten Pancetta 4–5 Minuten darin braten. 50 ml Rotwein und 200 g gehackte Maronen (vakuumverpackt) zugeben und aufkochen lassen. Mit 150 ml Hühnerbrühe auffüllen und 10–12 Minuten köcheln lassen. Die Maronen sollten weich sein und auseinanderfallen. Die Sauce fein pürieren und nach Geschmack würzen. In der Zwischenzeit für das Kartoffelpüree je 150 g gewürfelte Kartoffeln und Süßkartoffeln in kochendem Wasser garen. 2 Minuten vor Ende der Garzeit 1 Dose abgespülte und abgetropfte Kichererbsen (400 g) zugeben und erhitzen. Abgießen und mit einem Kartoffelstampfer grob zerdrücken, gut abschmecken. 4 Schweinekoteletts (je 150 g) mit Salz und frisch gemahlenem Pfeffer würzen, auf ein mit Aufolie ausgelegtes Backblech geben und unter dem Grill von jeder Seite 3–4 Minuten garen. Kartoffelpüree auf Tellern anrichten, Koteletts drauflegen und mit der Maronensauce beträufeln. Mit zerkleinerten Salbeiblättern bestreut servieren.

Auberginen parmigiana

Für 4 Personen

2 Auberginen
1 Zwiebel
2 Knoblauchzehen
3 EL Olivenöl
1 Dose gehackte Tomaten (400 g)
1 TL gehackte Oreganoblättchen
200 g Mozzarella
2 Fleischtomaten
6 EL geriebener Parmesan
Salz und frisch gemahlener Pfeffer

- Den Backofen auf 200 °C vorheizen. Auberginen in Scheiben schneiden, Zwiebeln würfeln und Knoblauchzehen zerdrücken.

- In einer Pfanne 2 EL Olivenöl erhitzen und die Auberginenscheiben portionsweise darin goldbraun braten.

- Dann in einem Topf 1 EL Öl erhitzen und Zwiebeln und Knoblauch darin 3–4 Minuten andünsten. Die gehackten Dosentomaten und den Oregano einrühren und das Ganze weitere 3–4 Minuten kochen lassen. Mit Salz und Pfeffer abschmecken.

- Den Mozzarella und die Fleischtomaten in dünne Scheiben schneiden und mit den Auberginenscheiben abwechselnd in eine flache Auflaufform schichten.

- Die Tomatensauce darübergießen und mit dem Parmesan bestreuen. Im Backofen 15–18 Minuten überbacken. Den Auflauf warm servieren.

Zucchini-Tomaten-Gratin Den Backofen auf 220 °C vorheizen. In einem Topf 2 EL Olivenöl erhitzen und 3 in Scheiben geschnittene Zucchini darin goldbraun braten. Mit 4 in Scheiben geschnittenen Tomaten, 6–8 zerkleinerten Basilikumblättern und 200 g geriebenem Mozzarella in eine ofenfeste Form schichten. Mit 2 EL Semmelbröseln und 4 EL geriebenem Parmesan bestreuen und im Backofen 5 Minuten überbacken.

Ricotta-Auberginen-Röllchen Den Backofen auf 190 °C vorheizen. Eine Grillpfanne erhitzen. 2 Auberginen längs in dünne Scheiben schneiden und diese 2–3 Minuten von jeder Seite in der heißen Pfanne braten. 150 g Ricotta mit 150 g gehacktem Mozzarella, 2 TL gehackten Basilikumblättern und 2 klein geschnittenen Frühlingszwiebeln vermengen, mit Salz und frisch gemahlenem Pfeffer würzen. Jeweils 1 TL von der Ricotta-Mozzarella-Mischung auf das Ende einer Auberginenscheibe geben, die Scheiben aufrollen und mit der Naht nach unten in eine Auflaufform setzen. 300 g Tomatensauce aus dem Glas dazugießen und das Ganze im Backofen 12–15 Minuten backen, bis der Käse zu schmelzen beginnt. Mit Rucolasalat servieren.

Zucchinirösti mit pochierten Eiern

Für 4 Personen

3 Zucchini
4 EL Weizenmehl
40 g geriebener Parmesan
2 EL Olivenöl
4 Eier
Salz und frisch gemahlener Pfeffer

- Die Zucchini fein reiben und mit dem Mehl und dem Parmesan in eine Schüssel geben. Gut verrühren und mit Salz und Pfeffer würzen.

- Aus der Zucchinimischung walnussgroße Bällchen formen und flach drücken.

- In einer tiefen Pfanne 2 EL Olivenöl erhitzen und die Rösti darin portionsweise 2–3 Minuten von jeder Seite goldbraun braten.

- In der Zwischenzeit für die pochierten Eier einen großen Topf Wasser zum Köcheln bringen. Mit einem großen Löffel umrühren, damit ein Strudel entsteht. Vorsichtig 2 Eier aufschlagen und hineingleiten lassen. 3 Minuten darin pochieren. Mit einem Schaumlöffel herausnehmen und warm halten. Mit den restlichen beiden Eiern ebenso verfahren.

- Die Rösti auf Tellern anrichten, mit pochierten Eiern belegen und mit Pfeffer bestreut servieren.

 Gegrillte Zucchini mit Minze und Zitrone
4 Zucchini mit dem Gemüsehobel in sehr dünne Scheiben schneiden. 4 EL Öl mit 2 zerdrückten Knoblauchzehen verrühren und die Zucchinischeiben damit bestreichen. Eine Grillpfanne erhitzen und die Scheiben portionsweise darin 2–3 Minuten von jeder Seite grillen, bis sie gar und braun sind. Auf eine Servierplatte legen und den Saft und die abgeriebene Schale von 1 unbehandelten Zitrone daraufgeben. Mit 1 fein gehackten grünen Chili bestreuen und vorsichtig mischen. Zum Servieren 1 EL Olivenöl darüberträufeln und das Ganze mit 2 EL gehackten Minzeblättern und 20 g gehobeltem Parmesan bestreuen.

Zucchinisuppe mit Parmesan In einem Topf 3 EL Olivenöl erhitzen und 1 kg in Scheiben geschnittene Zucchini mit 2 gehackten Knoblauchzehen und 1 Handvoll Basilikumblättern darin andünsten. Mit 750 ml Gemüsebrühe ablöschen, aufkochen und 8–10 Minuten köcheln lassen. Den Topf vom Herd nehmen und 4 EL Sahne einrühren. Die Suppe mit dem Pürierstab glatt mixen. 50 g geriebenen Parmesan einrühren, mit Salz und frisch gemahlenem Pfeffer abschmecken und wieder erhitzen. Mit knusprigem Brot servieren.

Champignons mit Spinatfüllung

Für 4 Personen

2 Schalotten
1 Knoblauchzehe
2 EL Olivenöl
175 g junge Spinatblätter
175 g gegarter Basmati-Reis
25 g Gorgonzola, fein gewürfelt
4 große Champignons, geputzt
2 EL geriebener Parmesan

- Den Backofen auf 200 °C vorheizen. Die Schalotten fein würfeln und die Knoblauchzehe zerdrücken. In einer Pfanne 1 EL Olivenöl erhitzen und Schalotten und Knoblauch darin 2–3 Minuten andünsten.

- Den Spinat zugeben und dünsten, bis die Blätter zusammenfallen. Die Pfanne vom Herd ziehen und Reis und Gorgonzola gut unterrühren.

- Die Stiele der Champignons herausdrehen und die Pilzköpfe in eine Auflaufform setzen. Mit der Spinatmischung füllen und mit dem geriebenen Parmesan bestreuen. Mit 1 EL Olivenöl beträufeln und im Backofen 18–20 Minuten garen.

- Mit einem grünen Salat servieren.

1 **Pilztoasts** 8 Ciabattascheiben von beiden Seiten rösten, dann auf der Oberseite mit einer Knoblauchzehe einreiben. In einer Pfanne 2 EL Olivenöl erhitzen und 3 klein geschnittene Frühlingszwiebeln und 300 g braune Champignons darin in 3–4 Minuten garen. 1 EL gehackte Petersilienblätter einrühren und 1 EL Crème fraîche unterziehen. Die Pilzmischung auf die Brotscheiben geben und sofort servieren.

2 **Fenchel-Tomaten-Pilze** Den Backofengrill auf hoher Stufe vorheizen. In einer Pfanne 1 EL Olivenöl erhitzen. 4 große Champignons entstielen und darin bei schwacher Hitze 12–15 Minuten garen. In einer zweiten Pfanne 1 EL Olivenöl erhitzen und darin die gehackten Pilzstiele, 1 gewürfelte Fenchelknolle, 3 gewürfelte Tomaten und 3 klein geschnittene Knoblauchzehen 5–6 Minuten dünsten. 2 EL Semmelbrösel einrühren, dann 75 g zerbröckelten Gorgonzola und 1 Handvoll gehackte Basilikumblätter hinzufügen. Die Fenchel-Tomaten-Mischung in die Pilze füllen und diese auf ein Backblech setzen. Mit 2 EL geriebenem Parmesan bestreuen und unter dem Grill überbacken.

QuickItalian

Pizza, Pasta & mehr

Rezepte nach Zubereitungszeit

3⏱

2⏱

1 Artischocken-Salami-Pizza

Für 4 Personen

1 Dose Artischockenherzen (400 g)
6 Frühlingszwiebeln
4 Weizen-Tortillas (FP)
400 g Passata (passierte Tomaten)
250 g Salami, in Scheiben geschnitten
1 TL gerebelter Oregano
225 g geriebener Mozzarella
Salz und frisch gemahlener Pfeffer

- Den Backofen auf 220 °C vorheizen. Die Artischockenherzen abtropfen lassen und in Scheiben schneiden. Die Frühlingszwiebeln ebenfalls in Scheiben schneiden.

- Tortillas auf 2 Backbleche legen und im Backofen 2 Minuten erhitzen. Aus dem Ofen nehmen und jede Tortilla mit Passata bestreichen und mit Salz und Pfeffer würzen. Salami, Artischocken und Frühlingszwiebeln darauflegen. Mit Oregano und Mozzarella bestreuen.

- Die Pizzen weitere 3–5 Minuten in den Backofen schieben. Sie sind fertig, wenn die Tortillaränder leicht gebräunt sind und der Käse zerlaufen ist.

 **Orecchiette mit Artischocken und Salami**

400 g Orecchiette in reichlich Salzwasser al dente kochen. In der Zwischenzeit 1 EL Olivenöl in einem Topf erhitzen und 100 g in Streifen geschnittene Salamischeiben 1–2 Minuten darin anbraten. 1 Dose gehackte Tomaten (400 g) und 125 ml Gemüsebrühe hinzufügen. 1 Dose Artischockenherzen (400 g) abtropfen lassen, Artischocken halbieren und in den Topf geben. Das Ganze 5–6 Minuten köcheln lassen und gut abschmecken. Pasta abgießen und zur Salamisauce geben. Mit geriebenem Parmesan bestreuen und servieren.

 Pizza mit Paprika und Artischocken

Den Backofen auf 220 °C vorheizen. 1 kg Weizenmehl (Type 1050), 2 Pck. Trockenhefe (je 7 g) und 1 Prise Salz in einer großen Rührschüssel mischen. 2 EL Olivenöl und ca. 600 ml warmes Wasser mit den Händen unterarbeiten, bis ein glatter Teig entsteht. Den Teig auf eine bemehlte Arbeitsfläche legen und 5–8 Minuten kneten. Dann den Teig vierteln. Die Teigstücke zu 4 Kreisen (30 cm Durchmesser) ausrollen und diese auf Backbleche legen. Jeden Boden mit 100 g Passata (passierte Tomaten) bestreichen und mit Salz und frisch gemahlenem

Pfeffer würzen. Dann 100 g in Scheiben geschnittene Artischockenherzen und 125 g geröstete rote Paprika aus dem Glas auf die 4 Böden verteilen. Insgesamt 200 g geriebenen Mozzarella darüberstreuen und die Pizzen im Backofen 6–7 Minuten backen.

30 Kartoffelgnocchi

Für 4 Personen

800 g mehlige Kartoffeln

1 Eigelb, verquirlt

150 g Weizenmehl

15 g fein gehackte Basilikumblätter

50 g geriebener Parmesan

4 EL extra natives Olivenöl

Salz und frisch gemahlener Pfeffer

- Die Kartoffeln schälen und würfeln, dann in Salzwasser in 12–15 Minuten gar köcheln. Abgießen und mithilfe einer Kartoffelpresse zu einer feinen Konsistenz zerdrücken. In einem anderen Topf Salzwasser zum Kochen bringen.

- In der Zwischenzeit das Kartoffelpüree in eine Schüssel geben und mit Eigelb, Mehl, Basilikum, Salz und Pfeffer gut vermischen.

- Teelöffelweise etwas vom Kartoffelpüree abnehmen und mit den Händen walnussgroße Bällchen formen. Mit einer Gabel zu Gnocchi flachdrücken. Auf diese Weise fortfahren, bis der Teig verbraucht ist.

- Die Gnocchi in das leicht kochende Wasser geben und 1–2 Minuten darin garen. Sie sind gar, wenn sie an der Oberfläche schwimmen.

- Die heißen Gnocchi mit Parmesan und 4 EL Olivenöl mischen und sofort servieren.

1 **Gnocchi mit Tomatensauce** In einer Pfanne 1 EL Olivenöl erhitzen und 2 gewürfelte Schalotten und 2 zerdrückte Knoblauchzehen darin 1–2 Minuten andünsten. 1 Dose gehackte Tomaten (400 g), 1 Prise Chiliflocken, 2 TL Thymianblättchen und 2 EL Weißwein zugeben. 5–6 Minuten köcheln lassen. 800 g Gnocchi (FP) 2 Minuten in kochendem Wasser garen. Abgießen und in die Tomatensauce geben. Mit gehobeltem Parmesan bestreuen und servieren.

2 **Kartoffelpfanne mit pochierten Eiern** 1 kg geschälte und gewürfelte Kartoffeln in kochendem Salzwasser garen. In einer Pfanne 2 EL Olivenöl und 25 g Butter erhitzen und 1 gehackte Zwiebel und 125 g gewürfelten Pancetta darin 5–6 Minuten braten. 1 EL gehackten Rosmarin und 2 EL Kapern einrühren. Kartoffeln abgießen, in die Pfanne geben und leicht zerdrücken. Für die pochierten Eier in einem großen Topf Wasser zum Köcheln bringen und mit einem Holzlöffel so lange rühren, bis ein Strudel entsteht. Vorsichtig 2 aufgeschlagene Eier hineingleiten lassen und 3 Minuten pochieren. Mit einem Schaumlöffel herausnehmen und warm halten. Weitere 2 Eier pochieren. 1 EL gehackte Basilikumblätter zu den Kartoffeln geben und das Ganze in 4 tiefen Tellern anrichten. Jeweils ein Ei daraufsetzen und mit Parmesan bestreut servieren.

Spaghetti carbonara

Für 4 Personen

400 g Spaghetti

3 Knoblauchzehen

2 Schalotten

8 Scheiben durchwachsener Speck

25 g Butter

4 Eier

200 g Sahne

40 g geriebener Parmesan

Salz und frisch gemahlener Pfeffer

- Spaghetti in reichlich Salzwasser al dente kochen. Knoblauchzehen und Schalotten fein hacken, Speck würfeln.

- In einer großen Pfanne die Butter erhitzen und Knoblauch, Schalotten und Speck in 5–7 Minuten goldgelb braten.

- Die Eier mit der Sahne und der Hälfte des Parmesans in einer Schüssel verrühren, mit Salz und Pfeffer würzen.

- Spaghetti mithilfe einer Spaghettizange in die Pfanne geben. Dabei darf ruhig etwas Kochflüssigkeit mit in die Pfanne gelangen.

- Die Eiermischung zu den Spaghetti gießen, alles gut mischen, eventuell weitere Kochflüssigkeit unterrühren.

- Die Spaghetti mit dem restlichen Parmesan bestreuen und sofort servieren.

1 **Spaghetti mit Speck und Ei** 400 g Spaghetti in reichlich Salzwasser al dente kochen. In einer Pfanne 1 EL Olivenöl erhitzen. 8 gewürfelte Scheiben durchwachsenen Speck darin knusprig braten. 4 Eier mit 200 g Sahne und 40 g geriebenem Parmesan in einer Schüssel verquirlen. Pasta abgießen, wieder in den Topf geben und Eiermischung und Speck dazugeben. Gut vermengen, mit Salz und frisch gemahlenem Pfeffer würzen und mit Parmesan bestreut servieren.

3 **Speck-Pinienkern-Pasta mit pochierten Eiern** Für die pochierten Eier Wasser in einen großen Topf zum Köcheln bringen. Mit einem großen Löffel rühren, bis ein Strudel entsteht. Vorsichtig 2 Eier aufschlagen und hineingleiten lassen. 3 Minuten pochieren, mit einem Schaumlöffel herausnehmen und warm halten. 2 weitere Eier pochieren. In der Zwischenzeit 400 g Tagliatelle in reichlich Salzwasser al dente kochen. In einer Pfanne 1 EL Olivenöl erhitzen und 175 g in Scheiben geschnittenen Frühstücksspeck darin 2 Minuten braten. 200 g Erbsen (TK), 2 EL Gemüsebrühe, 4 EL Crème fraîche und 4 in Scheiben geschnittene Frühlingszwiebeln hinzufügen. Gut umrühren und 3–4 Minuten sanft köcheln lassen, dann abschmecken. Tagliatelle abgießen, in die Pfanne geben und gut mit der Sauce mischen. Pasta in 4 tiefen Tellern anrichten, jeweils 1 pochiertes Ei darauflegen. Jede Portion mit etwas geriebenem Parmesan und frisch gemahlenem Pfeffer bestreuen und servieren.

30 Pilzrisotto

Für 4 Personen

10 g getrocknete Steinpilze
2 Schalotten
175 g braune Champignons
1 EL Olivenöl
350 g Arborio-Reis
150 ml Weißwein
600 ml Gemüsebrühe
1 TL gehackte Thymianblättchen
2 EL geriebener Parmesan
Salz und frisch gemahlener Pfeffer

- In einer Schüssel die Steinpilze mit 200 ml kochendem Wasser übergießen. 15 Minuten einweichen lassen. Die Schalotten würfeln, die Champignons putzen und in Scheiben schneiden.

- In einem Topf 1 EL Olivenöl erhitzen und die Schalotten darin 2–3 Minuten andünsten. Sie sollten weich, aber nicht braun sein.

- Den Reis zugeben und so lange rühren, bis alle Körner mit Fett überzogen sind.

- Den Wein zugießen und 1–2 Minuten bei hoher Hitze köcheln lassen, bis der Wein vollständig aufgenommen ist.

- Dann 1 Schöpfkelle Brühe zugeben und bei mittlerer Hitze unter ständigem Rühren köcheln, bis die Flüssigkeit vom Reis aufgenommen ist. Mit der restlichen Brühe so fortfahren (jeweils 1 Kelle Brühe zugeben).

- Die Steinpilze abgießen, die Flüssigkeit aufbewahren. Steinpilze grob hacken und mit den frischen Pilzen zum Reis geben. Etwas von der Einweichflüssigkeit unterrühren.

- Ist der Reis al dente, Thymian einrühren und den Risotto mit Salz und Pfeffer abschmecken.

- Mit geriebenem Parmesan bestreuen und servieren.

---

1 Reis mit Champignons

350 g braune Champignons und 4 Frühlingszwiebeln in Scheiben schneiden. In einer Pfanne 2 EL Olivenöl erhitzen und Champignons und Frühlingszwiebeln 5–6 Minuten darin braten. 400 g gegarten Reis und 1 EL gehackte Petersilienblätter unterrühren. Würzen und mit 2 EL geriebenem Parmesan bestreut servieren.

2 Reis-Pilz-Suppe

2 Porreestangen und 2 Knoblauchzehen in feine Scheiben schneiden. In einem Topf 2 EL Olivenöl erhitzen und Porree und Knoblauch darin in 4–5 Minuten weich dünsten. 300 g braune Champignons hacken und mit 50 g Langkornreis und 2 TL Thymianblättchen hinzufügen. Weitere 2–3 Minuten dünsten. 1,2 l heiße Gemüsebrühe zugießen und 5 Minuten köcheln lassen. Die Suppe mit dem Pürierstab glatt mixen, abschmecken und zu knusprigem Brot reichen.

 # Spinatpizza mit Ei

Für 4 Personen

2 große Pizzaböden (FP)
500 g Passata (passierte Tomaten)
2 Knoblauchzehen
1 rote Zwiebel
2 EL Olivenöl
500 g Spinatblätter
4 Eier
2 EL Pinienkerne
200 g geriebener Mozzarella
Salz und frisch gemahlener Pfeffer

- Den Backofen auf 200 °C vorheizen. Jeweils 1 Pizzaboden auf ein Backblech legen, mit Passata bestreichen und mit Salz und Pfeffer würzen. Die Knoblauchzehen fein hacken und die rote Zwiebel in feine Scheiben schneiden.

- In einer großen Pfanne 2 EL Olivenöl erhitzen und Knoblauch und Zwiebeln darin 2–3 Minuten anbraten. Den Spinat zugeben und rühren, bis die Blätter zusammenfallen.

- Die Spinatmischung auf die beiden Böden verteilen. 2 kleine Mulden in jeden Belag drücken und die Eier hineingeben.

- Die Pizzen mit Pinienkernen, Mozzarella und Pfeffer bestreuen. Im Backofen 12–15 Minuten backen, bis die Eier gar sind.

 Pittapizza mit pochierten Eiern Den Backofengrill auf hoher Stufe vorheizen. Für die pochierten Eier Wasser in einem Topf zum Köcheln bringen. Mit einem Löffel rühren, bis ein Strudel entsteht. 2 Eier aufschlagen und hineingleiten lassen. 3 Minuten pochieren, herausnehmen und warm halten. 2 weitere Eier pochieren. 4 Pittabrote unter dem Grill von jeder Seite 1–2 Minuten rösten, dann mit 1 EL Tomatenketchup bestreichen. In einer Pfanne 1 EL Olivenöl erhitzen, 400 g Spinatblätter zugeben und zusammenfallen lassen. Spinat auf die Pittapizza geben. Jeweils 1 pochiertes Ei darauflegen, dann mit 1 EL Pinienkernen und geriebenem Mozzarella bestreuen. Unter dem Grill 3–4 Minuten backen.

 **Spinatpizza mit selbstgemachtem Hefeteig** Den Backofen auf 200 °C vorheizen. 1 kg Weizenmehl (Type 1050) mit 2 Pck. Trockenhefe (je 7 g) und 1 Prise Salz mischen. 2 EL Olivenöl und 1–2 EL warmes Wasser unterrühren. Die Zutaten mit den Händen verkneten, nach und nach 600 ml warmes Wasser unterarbeiten. 5–8 Minuten kneten, bis ein weicher geschmeidiger Teig entsteht. Teig vierteln und jeweils zu einem Kreis (30 cm Durchmesser) ausrollen, dann auf 2 Backbleche legen. In einer Pfanne 2 EL Olivenöl erhitzen, 500 g Spinatblätter hinzufügen und zusammenfallen lassen. 500 g Passata (passierte Tomaten) auf die Pizzaböden streichen, dann den Spinat darauf verteilen und würzen. Jeweils 1 Ei auf den Belag geben, dann 200 g geriebenen Mozzarella daraufstreuen und im Backofen 6–7 Minuten backen, bis die Eier gar sind.

 **Pappardelle mit Spargel und Kräutern**

Für 4 Personen

450 g grüner Spargel

400 g Pappardelle

1 EL Olivenöl

1 Zwiebel, gewürfelt

2 Knoblauchzehen, zerdrückt

300 g Sahne

¼ TL geriebene Muskatnuss

2 EL gehackte Basilikumblätter

2 EL gehackte Petersilienblätter

2 EL Schnittlauchröllchen

2 EL geriebener Parmesan

Salz und frisch gemahlener Pfeffer

- Den Spargel im unteren Drittel schälen und in 2,5 cm lange Stücke schneiden. Spargelstücke in kochendem Wasser 3–4 Minuten blanchieren. Abgießen und warm halten.

- Die Pappardelle in reichlich Salzwasser al dente kochen.

- In der Zwischenzeit in einer Pfanne 1 EL Olivenöl erhitzen und Zwiebeln und Knoblauch darin 4–5 Minuten andünsten.

- Die Sahne einrühren und 6–8 Minuten köcheln, bis die Sahne reduziert und etwas eingedickt ist. Muskat unterrühren.

- Die Pasta abgießen und in die Sahnesauce geben. Spargel und Kräuter unterziehen.

- Mit geriebenem Parmesan bestreuen und servieren.

---

1 **Pastasalat mit Spargel** 200 g Penne in reichlich Salzwasser al dente kochen, abgießen und unter kaltem Wasser abschrecken. 350 g im unteren Drittel geschälte grüne Spargelstangen weich dämpfen, in mundgerechte Stücke schneiden und mit der Pasta in eine Salatschüssel geben. 100 g Kirschtomaten und 100 g Mozzarella würfeln. 125 g geröstete rote Paprika aus dem Glas in Streifen schneiden. Tomaten, Mozzarella und Paprika zu der Pasta geben und alles mischen, 1 EL gehackte Basilikumblätter und etwas italienisches Salatdressing unterziehen und abschmecken.

2 **Spargelpasta mit Pesto** 400 g Tagliatelle in reichlich Salzwasser al dente kochen. In der Zwischenzeit 500 g grünen Spargel im unteren Drittel schälen, dann 2–3 Minuten kochen und abgießen. Für das Pesto 125 g Spinatblätter, 30 g geriebenen Parmesan, 2 zerdrückte Knoblauchzehen und 2 EL geröstete Pinienkerne in eine Küchenmaschine geben und 30 Sekunden mixen, dann 3–4 EL extra natives Olivenöl bei laufendem Motor zugeben, bis eine dickflüssige Mischung entsteht. Den Saft von ½ Zitrone und etwas Wasser unterziehen und nach Geschmack würzen. Pasta abgießen, wieder in den Topf geben. Spargel in mundgerechte Stücke schneiden und dazugeben. Pesto unterziehen. Mit gerösteten Pinienkernen bestreuen und servieren.

 # Linguine mit Krebsfleisch

Für 4 Personen

450 g Linguine

2 Knoblauchzehen

1 rote Chili

125 ml Olivenöl

abgeriebene Schale und Saft von
  1 unbehandelten Zitrone

250 g weißes Krebsfleisch

2 EL gehackte Petersilienblätter

Salz und frisch gemahlener Pfeffer

- Linguine in reichlich Salzwasser al dente kochen. In der Zwischenzeit die Knoblauchzehen zerdrücken und die Chili entkernen und fein würfeln.

- In einem zweiten Topf 125 ml Olivenöl erhitzen und Knoblauch, Chili und Zitronenschale darin bei schwacher Hitze 3–4 Minuten dünsten.

- Pasta abgießen und zu dem gewürzten Öl geben. Zitronensaft, Krebsfleisch und Petersilie ebenfalls hinzufügen, mit Salz und Pfeffer abschmecken. Die Zutaten gut vermengen, damit das Krebsfleisch erwärmt wird, und sofort servieren.

Pastasalat mit Krebsfleisch 300 g Fusilli in reichlich Salzwasser al dente kochen. Abgießen und unter kaltem Wasser abschrecken. 125 g Brokkoliröschen dämpfen, abgießen und kalt abschrecken. 1 rote Paprika in feine Streifen schneiden, 4 Frühlingszwiebeln klein schneiden, 2 Pflaumentomaten würfeln. Pasta und Brokkoli in eine Salatschüssel geben und mit Paprika, Frühlingszwiebeln und Tomaten vermengen. 250 g weißes Krebsfleisch zugeben. Italienisches Salatdressing unterziehen und den Salat mit knusprigem Brot servieren.

Krebsfleisch-Tarte Den Backofen auf 200 °C vorheizen. In der Zwischenzeit ½ Chili hacken, 4 Frühlingszwiebeln und 1 rote Paprika in sehr feine Streifen schneiden. 4 Eier mit 125 g Sahne verrühren und Chili, Frühlingszwiebeln und Paprika unterziehen. 225 g weißes Krebsfleisch, 1 EL gehackte Petersilienblätter und 25 g geriebenen Parmesan hinzufügen und die Zutaten gut mischen. Das Ganze in einer Tarteform (23 cm Durchmesser) verteilen und mit 25 g geriebenem Parmesan bestreuen. Im Backofen 22–25 Minuten backen.

Pittapizza tricolori

Für 4 Personen

4 Pittabrote
2 gelbe Paprika
250 g geröstete rote Paprika aus dem Glas
1 EL Olivenöl
350 g Spinatblätter
4 EL Tomatenketchup
250 g geriebener Mozzarella

- Den Backofengrill auf hoher Stufe vorheizen. Pittabrote unter dem Grill 1–2 Minuten erhitzen. Die noch warmen Brote so durchschneiden, dass sie an einer Seite noch zusammenhängen. Brote flach ausbreiten.

- Die gelben Paprika entkernen und in feine Streifen schneiden. Die roten Paprika abtropfen lassen und ebenfalls in Streifen schneiden. In einer Pfanne 1 EL Olivenöl erhitzen und den Spinat darin in 1–2 Minuten zusammenfallen lassen.

- Auf jedem Pittabrot 1 EL Ketchup verstreichen. Erst Spinat, dann gelbe und rote Paprika darauflegen. Zum Schluss mit Mozzarella bestreuen.

- Unter dem Grill 4–5 Minuten backen, bis der Käse eine goldbraune Farbe hat und geschmolzen ist.

Pizza tricolori Den Backofen auf 200 °C vorheizen. 2 mittelgroße Pizzaböden (FP) mit jeweils 2 EL Passata (passierte Tomaten) bestreichen und mit Salz und frisch gemahlenem Pfeffer würzen. Jeweils mit 1 in Scheiben geschnittenen Tomate belegen, gefolgt von je ½ roten und gelben Paprika in Streifen, ¼ roten Zwiebel in Scheiben und 50 g geriebenem Mozzarella. Mit jeweils 6–8 Basilikumblättern belegen und im Backofen 11–13 Minuten backen. In Stücke schneiden und mit einem grünen Salat servieren.

Frittata tricolori Den Backofengrill auf hoher Stufe vorheizen. 1 rote Zwiebel hacken, 2 Knoblauchzehen zerdrücken. 1 rote und 1 gelbe Paprika entkernen und in Streifen schneiden. In einer ofenfesten Pfanne 2 EL Olivenöl erhitzen und Zwiebeln, Knoblauch sowie rote und gelbe Paprika darin in 3–4 Minuten weich dünsten. 200 junge Spinatblätter zugeben und zusammenfallen lassen. 7 Eier mit 1 EL Milch und etwas Salz und frisch gemahlenen Pfeffer verrühren und die Eiermischung in die Pfanne gießen. Das Ganze umrühren, damit sich das Ei gut verteilt. Bei schwacher Hitze 20 Minuten stocken lassen, bis die Frittata fest ist. Dann unter dem Grill goldbraun backen. In Stücke schneiden und servieren.

Orecchiette mit Brokkoli und Chili

Für 4 Personen

350 g Brokkoli, in Röschen geteilt
3 Schalotten
4 Knoblauchzehen
300 g Orecchiette
4 EL Olivenöl
1 TL Chiliflocken
2 EL gehackte Petersilienblätter
2 EL gehobelter Parmesan
Salz und frisch gemahlener Pfeffer

- Den Brokkoli in wenig Salzwasser in 4–5 Minuten weich dämpfen. Die Schalotten würfeln und die Knoblauchzehen fein hacken.

- Orecchiette in reichlich Salzwasser al dente kochen.

- In einer Pfanne 2 EL Olivenöl erhitzen und Schalotten, Knoblauch und Chili darin 3–4 Minuten andünsten, mit Salz und Pfeffer würzen.

- Den Brokkoli hinzugeben und untermengen, sodass er mit dem Öl überzogen ist.

- Die Pasta abgießen und ebenfalls in die Pfanne geben. 2 EL Öl und gehackte Petersilie unterheben und alles gut mischen.

- Mit gehobeltem Parmesan bestreuen und servieren.

---

1 **Gebackene Penne mit Thunfisch und Brokkoli** Den Backofengrill auf hoher Stufe vorheizen. 200 g Penne in reichlich Salzwasser al dente kochen. 300 g Brokkoliröschen 4–5 Minuten dämpfen. Die Penne abgießen und mit dem Brokkoli in einer Auflaufform mischen. 4 Tomaten hacken und 2 Dosen Thunfisch (je 185 g) abtropfen lassen, dann beides in die Auflaufform geben und untermengen. 350 g Käsesauce (FP) darübergießen und das Ganze mit 4 EL Semmelbröseln und 2 EL geriebenem Parmesan bestreuen. Unter dem Grill in 3–4 Minuten goldbraun überbacken. Mit einem grünen Salat servieren.

3 **Pastasalat mit Brokkoli und Speck** Den Backofengrill auf hoher Stufe vorheizen. 2 rote Paprika halbieren, entkernen und mit der Wölbung nach oben unter dem Grill 6–7 Minuten rösten, bis die Haut schwarze Blasen wirft. Paprika in eine Schüssel legen, mit Frischhaltefolie abdecken und abkühlen lassen. 250 g Orecchiette in reichlich Salzwasser al dente kochen, abgießen. 8 Scheiben durchwachsenen Speck knusprig grillen, dann grob hacken. 300 g Brokkoli in Röschen teilen und diese 2–3 Minuten dämpfen. Die Paprika häuten, in Streifen schneiden. 3 Tomaten klein schneiden. Für das Dressing 5 EL extra natives Olivenöl, 2 EL Weiß-weinessig, 2 TL Dijonsenf, ½ zerdrückte Knoblauchzehe und 1 gewürfelte rote Chili verrühren. Mit Salz und frisch gemahlenem Pfeffer würzen. Pasta, Gemüse, Speck und 50 g Brunnenkresse in eine große Schüssel geben und mit dem Dressing mischen.

Spaghetti bolognese mit gegrillten Kirschtomaten

Für 4 Personen

1 EL Olivenöl

2 Scheiben durchwachsener Speck, gewürfelt

1 große Zwiebel, gehackt

2 Knoblauchzehen, zerdrückt

500 g Rinderhack

150 ml Rotwein

1 Dose gehackte Tomaten (400 g)

½ TL gerebelter Oregano

400 g Spaghetti

16 Cocktail-Strauchtomaten

4 EL geriebener Parmesan

Salz und frisch gemahlener Pfeffer

- In einer Pfanne 1 EL Olivenöl erhitzen und den Speck darin bei mittlerer Hitze anbraten. Zwiebeln und Knoblauch zugeben und weitere 2–3 Minuten braten, bis die Zwiebeln weich sind.

- Das Hackfleisch in die Pfanne geben und bei hoher Hitze krümelig braten.

- Den Wein zugießen und um die Hälfte einkochen lassen, dann die gehackten Tomaten und den Oregano hinzufügen und mit Salz und Pfeffer würzig abschmecken. 20–22 Minuten köcheln lassen.

- In der Zwischenzeit Spaghetti in reichlich Salzwasser al dente kochen.

- Eine Grillpfanne erhitzen und die Strauchtomaten darin 3–4 Minuten braten.

- Spaghetti abgießen und in 4 tiefe Teller verteilen. Die Sauce bolognese daraufgeben, dann die gegrillten Tomaten. Mit Parmesan bestreuen und servieren.

 **Spaghetti mit Tomaten** 400 g Spaghetti in reichlich Salzwasser al dente kochen. In der Zwischenzeit in einer Pfanne 4 EL Olivenöl erhitzen und 1 gewürfelte Schalotte, 1 zerdrückte Knoblauchzehe und 5 gewürfelte Pflaumentomaten darin braten. Mit Salz und frisch gemahlenem Pfeffer würzen. Spaghetti abgießen und mit den Zutaten in der Pfanne vermengen. Mit geriebenem Parmesan bestreuen und servieren.

 Tomaten-Hack-Pizza Den Backofen auf 220 °C vorheizen. In einem Topf 1 EL Olivenöl erhitzen und 1 gehackte Zwiebel und 500 g Rinderhack darin 4–5 Minuten braten. 250 g Tomatensauce (FP) einrühren und 3–4 Minuten köcheln. 4 Pizzaböden (FP) auf 2 Backbleche legen und die Tomaten-Hack-Mischung gleichmäßig darauf verstreichen. 2 in Scheiben geschnittene Tomaten ebenfalls gleichmäßig auf die Böden verteilen. Jede Pizza mit 1 EL geriebenem Mozzarella bestreuen. Im Backofen 10–11 Minuten backen, bis der Käse geschmolzen ist.

30 Erbsen-Minz-Risotto

Für 4 Personen

1 EL Olivenöl
2 Schalotten, fein gewürfelt
400 g Arborio-Reis
100 ml Weißwein
900 ml heiße Gemüsebrühe
100 g Erbsen (frisch oder TK)
1 Handvoll gehackte Minzeblätter
40 g Butter
40 g geriebener Parmesan
Salz und frisch gemahlener Pfeffer

- In einem großen Topf 1 EL Olivenöl erhitzen und die Schalotten darin 2–3 Minuten andünsten. Sie sollten weich, aber nicht gebräunt sein.

- Den Reis einrühren und so lange rühren, bis alle Körner mit Fett überzogen sind.

- Den Wein zugießen und 1–2 Minuten kochen lassen, bis er vollständig aufgenommen ist.

- Dann 1 Schöpfkelle heiße Brühe zugeben und weiterrühren, bis die Flüssigkeit wieder vollständig aufgenommen ist.

- Mit der restlichen Brühe so fortfahren, bis der Reis al dente ist. Jeweils nur 1 Schöpfkelle Brühe in den Topf geben.

- Erbsen, Minze, Butter und die Hälfte des Parmesans einrühren, mit Salz und Pfeffer würzen und weitere 2–3 Minuten kochen.

- Mit dem restlichen Parmesan bestreuen und servieren.

---

1 Pastasalat mit Erbsen und Minze 200 g Nudeln nach Wahl in reichlich Salzwasser al dente kochen, abgießen und unter kaltem Wasser abschrecken. 350 g Erbsen (TK) 3–4 Minuten in kochendem Wasser garen, abgießen und ebenfalls kalt abschrecken. In einer Schüssel Penne und Erbsen mit 100 g halbierten Kirschtomaten, 1 EL gehackten Minzeblättern, 125 g gewürfeltem Mozzarella und 2 EL entsteinten schwarzen Oliven mischen. 125 g junge Spinatblätter und 3–4 EL italienisches Salatdressing unterziehen und servieren.

2 Erbsensuppe mit Reis und Minze In einem großen Topf 2 EL Olivenöl erhitzen und 2 gewürfelte Schalotten und 1 gewürfelte Selleriestange darin in 4–5 Minuten weich dünsten. 600 ml Gemüsebrühe zugießen, zum Köcheln bringen und 400 g Erbsen (frisch oder TK) hinzufügen. 10 Minuten köcheln lassen, bis die Erbsen weich sind. 2 EL grob gehackte Minzeblätter in den Topf geben. Die Suppe mit dem Pürierstab glatt mixen. 125 g gegarten Risottoreis einrühren und nach Geschmack würzen. Die Suppe erhitzen. Mit einem Klecks Crème double oder Naturjoghurt und gehackten Minzeblättern bestreuen.

Penne arrabiata

Für 4 Personen

2 rote Chilis

2 Knoblauchzehen

4 EL Olivenöl

600 g gehackte Tomaten aus der
Dose

6–8 Basilikumblätter

400 g Penne

25 g geriebener Parmesan

Salz und frisch gemahlener Pfeffer

- Die Chilis in feine Scheiben schneiden, die Knoblauchzehen hacken. In einer großen Pfanne 4 EL Olivenöl erhitzen, Chilis und Knoblauch darin 2–3 Minuten braten.

- Die Basilikumblätter zerzupfen und mit den gehackten Tomaten in die Pfanne geben. Nach Geschmack würzen und 12 Minuten köcheln.

- In der Zwischenzeit Penne in reichlich Salzwasser al dente kochen. Abgießen und mit der Tomatensauce vermengen.

- Mit Parmesan bestreuen und servieren.

Scharfe Tomatenpasta

1 Schalotte und 1 rote Chili fein würfeln. In einer großen Pfanne 2 EL Olivenöl erhitzen und Schalotte und Chili darin weich dünsten. 3–4 Pflaumentomaten hacken und mit 1 EL gehackten Basilikumblättern unterrühren. In der Zwischenzeit 300 g Conchiglie in reichlich Salzwasser al dente kochen und abgießen. Tomatenmischung vom Herd ziehen und Pasta und 1 EL Balsamico unterrühren. 60 g Brunnenkresse auf 4 Servierteller legen und die Tomatenpasta daraufgeben. Mit 2 EL geriebenem Mozzarella und 2 EL gerösteten Pinienkernen bestreut servieren.

Chili-Tomaten-Tarte

Den Backofen auf 200 °C vorheizen. 300 g Blätterteig (FP) auf einer leicht bemehlten Arbeitsfläche zu einem Quadrat ausrollen (25 x 25 cm). Auf ein Backblech legen und rundherum einen 2,5 cm breiten Rand einritzen. Im Backofen in 10 Minuten goldbraun backen. 600 g Pflaumentomaten in Scheiben schneiden und die Tarte damit belegen. Mit ½ TL Chiliflocken, 1 EL gehackten schwarzen Oliven und 1 EL geriebenem Parmesan bestreuen. Weitere 10–12 Minuten im Ofen backen. Dazu gedämpfte grüne Bohnen und Zucchini reichen.

Fettuccine mit Dolcelatte und Spinat

Für 4 Personen

400 g Fettuccine

1 Zwiebel

2 Knoblauchzehen

1 EL Olivenöl

300 g Sahne

125 g Dolcelatte (alternativ Gorgonzola)

150 g junge Spinatblätter

Salz und frisch gemahlener Pfeffer

- Fettuccine in reichlich Salzwasser al dente kochen.

- In der Zwischenzeit die Zwiebeln hacken und die Knoblauchzehen zerdrücken. In einer Pfanne 1 EL Olivenöl erhitzen und Zwiebeln und Knoblauch darin 4–5 Minuten dünsten. Die Sahne zugießen und in 5–6 Minuten etwas eindicken lassen.

- Den Dolcelatte und den Spinat hinzufügen und 1 Minute rühren, bis sich der Käse aufgelöst hat. Fettuccine abgießen und in die Pfanne geben. Mit Salz und Pfeffer würzen und gut vermengen. In vorgewärmten tiefen Tellern servieren.

Dolcelatte-Spinat-Pizza

Den Backofengrill auf mittlerer Stufe vorheizen. 4 Vollkorn-Pittabrote unter dem Grill 1–2 Minuten von jeder Seite backen. Jedes Brot mit 1 EL Tomatenketchup bestreichen. In einer Pfanne 1 EL Olivenöl erhitzen und 400 g Spinatblätter darin zusammenfallen lassen. Die 4 Brote damit belegen. Jeweils 40 g zerbröckelten Dolcelatte daraufgeben und je 1 EL Pinienkerne daraufstreuen. Unter dem Grill 3–4 Minuten erhitzen, bis der Käse geschmolzen ist. Mit einer Handvoll Rucola belegen und servieren.

Spinatsuppe mit Dolcelatte

In einem Topf 1 EL Olivenöl erhitzen und 1 gehackte Zwiebel und 2 gehackte Knoblauchzehen 3–4 Minuten darin dünsten. 1 Kartoffel in Stücke schneiden und zugeben, 1–2 Minuten mitdünsten. Mit 450 ml Gemüsebrühe ablöschen und aufkochen lassen. 10 Minuten köcheln, dann 600 ml Milch zugeben und wieder zum Köcheln bringen. 250 g junge Spinatblätter und die abgeriebene Schale von 1 unbehandelten Zitrone in den Topf geben, 5–6 Minuten köcheln, dann weitere 250 g junge Spinatblätter und 50 g Dolcelatte hinzufügen. Alles mit einem Pürierstab zu einer glatten Suppe verarbeiten und würzen. Jede Portion mit gerösteten Kürbiskernen und gewürfeltem Dolcelatte bestreut servieren.

30 Safranrisotto

Für 4 Personen

2 EL Olivenöl

1 Zwiebel, fein gewürfelt

300 g Arborio-Reis

200 ml Weißwein

750 ml heiße Hühnerbrühe

2 Prisen Safranfäden

25 g Butter

40 g geriebener Parmesan

Salz und frisch gemahlener Pfeffer

- In einem Topf 2 EL Olivenöl erhitzen und die Zwiebeln in 3–5 Minuten darin weich dünsten.

- Den Reis zugeben und so lange rühren, bis alle Körner mit Fett überzogen sind. Den Wein zugießen und 1–2 Minuten köcheln, bis er vollständig aufgenommen ist.

- 1 Schöpfkelle von der heißen Brühe und den Safran zugeben. Rühren, bis die Flüssigkeit wieder vollständig aufgenommen ist. Mit der restlichen Brühe so fortfahren (je 1 Kelle zugeben), bis der Reis al dente ist.

- Den Topf vom Herd ziehen und die Butter und die Hälfte des Parmesans einrühren.

- Das Risotto mit dem restlichen Parmesan bestreuen und servieren.

---

1 **Safran-Reis-Salat** In einer Pfanne 2 EL Olivenöl erhitzen und 1 große gehackte Zwiebel und 3 zerdrückte Knoblauchzehen darin in 4–5 Minuten goldgelb rösten. 300 g gegarten Langkornreis unterrühren und heiß werden lassen. In der Zwischenzeit 1 große Prise Safranfäden in einen kleinen Topf krümeln, 3 EL heiße Gemüsebrühe zugeben und 1 Minute köcheln lassen. 2 EL Sultaninen, 3 EL geröstete Mandelblätter, 2 EL entsteinte grüne Oliven, 1 EL gehackte Minzeblätter und 2 EL gehackte Petersilienblätter unter den Reis mengen. Safranbrühe zum Salat geben. Das Ganze gut verrühren und abschmecken.

2 **Rührei mit Safran** 200 ml Milch mit 1 Prise Safranfäden in einen Topf geben und erhitzen. Zugedeckt 4 Minuten ziehen lassen. 8 große Eier mit etwas Salz und Pfeffer verquirlen und zur Safranmilch geben. 25 g Butter in einer beschichteten Pfanne erhitzen und die Ei-Milch-Mischung hineingießen. 20 Sekunden ruhen lassen, dann mit einem Holzlöffel umrühren. So fortfahren – stocken lassen und rühren –, bis die Eiermasse nahezu gar ist. 2 Minuten ruhen lassen. In der Zwischenzeit 8 Scheiben Ciabatta von beiden Seiten rösten. Das Rührei daraufgeben und servieren.

Penne in Walnuss-Sauce

Für 4 Personen

3 Schalotten
2 EL Olivenöl
150 g Walnüsse
350 g Penne
2 EL Mascarpone
3 EL Naturjoghurt
2 EL gehackte Petersilienblätter
30 g geriebener Parmesan
Salz und frisch gemahlener Pfeffer

- Die Schalotten fein würfeln. In einer Pfanne 2 EL Olivenöl erhitzen und Schalotten darin 2–3 Minuten andünsten.

- Die Hälfte der Walnüsse im Mixer fein zermahlen. Restliche Walnüsse hacken, in die Pfanne geben und 5–6 Minuten ohne Fett rösten.

- Penne in reichlich Salzwasser al dente kochen.

- In der Zwischenzeit die gemahlenen Walnüsse, den Mascarpone und den Joghurt in die Pfanne geben und glatt rühren. Die gehackten Petersilienblätter zugeben und das Ganze einige Minuten köcheln lassen.

- Pasta abgießen. Penne und 2 EL von der Kochflüssigkeit in die Pfanne geben und mit der Walnuss-Sauce mischen. Mit Salz und Pfeffer abschmecken.

- Mit gerösteten Walnüssen und geriebenem Parmesan bestreuen und servieren.

1 — Penne mit Walnuss-pesto

400 g Penne in reichlich Salzwasser al dente kochen. 175 g Walnüsse und 1 zerdrückte Knoblauchzehe im Mixer fein hacken. 1 Handvoll Basilikumblätter, 100 g geriebenen Parmesan, 2 TL Zitronensaft und 4 EL Olivenöl zugeben und weitermixen, bis eine glatte Paste entsteht. Eventuell weiteres Olivenöl unterarbeiten. Penne abgießen und mit dem Pesto servieren.

3 — Tomaten-Walnuss-Penne aus dem Ofen

Den Backofen auf 200 °C vorheizen. 400 g Penne in reichlich Salzwasser al dente kochen. In einem Topf 2 EL Olivenöl erhitzen und 1 gehackte Zwiebel, 2 gehackte Knoblauchzehen und 1 TL Chiliflocken 2–3 Minuten darin andünsten. 1,75 kg reife Tomaten enthäuten, entkernen und hacken und mit 100 ml Rotwein in den Topf geben, 6–8 Minuten köcheln lassen. Die Tomatenmischung mit dem Pürierstab zu einer stückigen Sauce verarbeiten. 3 TL gehackte Basilikumblätter, 3 EL gehackte Walnüsse und etwas Salz und frisch gemahlenen Pfeffer unterrühren. Pasta abgießen und mit der Tomatensauce mischen. Die Hälfte der Pasta in eine Auflaufform füllen, mit 2 EL geriebenem Parmesan bestreuen und mit 125 g Mozzarellascheiben belegen. Restliche Pasta daraufgeben und wieder mit Parmesan bestreuen und mit Mozzarella belegen. Im Backofen 12–15 Minuten backen und mit einem Rucolasalat servieren.

30 Tomatenrisotto

Für 4 Personen

1 Zwiebel
2 Knoblauchzehen
1 EL Olivenöl
100 g Pflaumentomaten
200 ml Tomatensauce (FP)
300 ml heiße Gemüsebrühe
200 g Arborio-Reis
50 g sonnengetrocknete Tomaten
2 EL gehackte Basilikumblätter
40 g geriebener Parmesan
Salz und frisch gemahlener Pfeffer

- Die Zwiebeln würfeln und die Knoblauchzehen zerdrücken. In einem Topf 1 EL Olivenöl erhitzen und Zwiebeln und Knoblauch darin 5–6 Minuten andünsten.

- In der Zwischenzeit Tomaten in eine große Schüssel legen und mit kochendem Wasser übergießen. 30 Sekunden ruhen lassen, dann abgießen und unter kaltem Wasser abschrecken. Haut abziehen, Tomaten entkernen und hacken.

- Die Tomatensauce mit der Brühe in einen kleinen Topf geben und aufkochen.

- Den Reis in den Topf zu den Zwiebeln geben und 1–2 Minuten rühren, bis alle Körner mit Fett überzogen sind. 1 Schöpfkelle Tomatensauce zugeben und ständig rühren, bis diese vollständig aufgenommen ist.

- Mit der restlichen Sauce so fortfahren, jeweils 1 Schöpfkelle Flüssigkeit zugeben und rühren, bis diese vollständig aufgenommen ist.

- Die getrockneten Tomaten in Streifen schneiden und mit den gehackten Tomaten sowie den Basilikumblättern unterrühren und nach Geschmack würzen.

- Mit geriebenem Parmesan bestreuen und servieren.

 **Tomaten-Reis-Salat**

4 Pflaumentomaten mit kochendem Wasser übergießen. 30 Sekunden ruhen lassen, dann abgießen und unter kaltem Wasser abschrecken. Haut abziehen und hacken. Tomaten mit 4 in Scheiben geschnittenen Frühlingszwiebeln, 400 g gegartem Reis, 200 g gewürfeltem Mozzarella und 2 EL gehackten Basilikumblättern vermischen. Würzen und mit 2 EL Olivenöl beträufeln.

 **Tomaten-Reis-Suppe**

In einem großen Topf 3 EL Olivenöl erhitzen und 1 gehackte Zwiebel, 1 gewürfelte Karotte und 1 Selleriestange sowie 3 gehackte Knoblauchzehen 3–4 Minuten darin dünsten. Dann ½ TL Fenchelsamen, die abgeriebene Schale von 1 unbehandelten Orange und 2 EL Tomatenmark einrühren. 1 Dose gehackte Tomaten (400 g), 300 ml Gemüsebrühe und 100 g Langkornreis hinzufügen. Würzen und 13–14 Minuten köcheln, bis der Reis gar ist. Vor dem Servieren 1 EL zerkleinerte Basilikumblätter unterrühren.

Mais-Spinat-Polenta

Für 4 Personen

4 Frühlingszwiebeln
1 EL Olivenöl zzgl. etwas zum
Beträufeln
1 Dose Mais (200 g)
800 ml heiße Gemüsebrühe
200 g Instant-Polenta
1 große Handvoll Spinatblätter
125 g Taleggio
2 EL geriebener Parmesan
Salz und frisch gemahlener Pfeffer

- Die Frühlingszwiebeln in feine Scheiben schneiden. In einem Topf 1 EL Olivenöl erhitzen und die Frühlingszwiebeln darin 1 Minute andünsten.

- Den Mais abtropfen lassen und einrühren. Dann die Gemüsebrühe zugeben und aufkochen lassen.

- Die Polenta einrühren und unter ständigem Rühren 1 Minute kochen, bis sie andickt.

- Den Käse würfeln und mit dem Spinat unter die Polenta ziehen. Mit Salz und Pfeffer würzen. Mit etwas Olivenöl beträufeln und servieren.

Pastasalat mit Mais und Thunfisch 300 g Farfalle in reichlich Salzwasser al dente kochen, abgießen, kalt abschrecken und in eine große Schüssel geben. In einer Pfanne 2 EL Olivenöl erhitzen und 2 Thunfischsteaks (je 125 g) von jeder Seite 2–3 Minuten braten. 1–2 Minuten ruhen lassen, dann in mundgerechte Stücke schneiden. 100 g geröstete rote Paprika aus dem Glas in Streifen schneiden. ½ Salatgurke fein würfeln. Dann Paprika, Gurken sowie 1 große Dose Mais (400 g, abgetropft) und 30 g Rucola zu den Pasta geben. 3 EL extra natives Olivenöl mit dem Saft von ½ Zitrone, ½ TL grobkörnigem Senf und 1 TL Honig zu einem Dressing verrühren und abschmecken. Thunfischstücke zum Salat geben und das Dressing darüberträufeln. Alles gut mischen.

Kartoffel-Mais-Suppe In einem Topf 2 EL Olivenöl erhitzen und 1 gehackte Zwiebel und 1 zerdrückte Knoblauchzehe darin dünsten. 300 g geschälte und gewürfelte Kartoffeln zugeben und weitere 3–4 Minuten dünsten. 1 große Dose Mais (400 g) abtropfen lassen und in den Topf geben, 2 Minuten köcheln, dann 1,2 l Gemüsebrühe zugießen. Aufkochen und 8–10 Minuten köcheln, bis die Kartoffeln weich sind. 100 g Sahne einrühren. Das Ganze mit dem Pürierstab zu einer glatten Suppe mixen, gut würzen und mit Schnittlauchröllchen garniert servieren.

Rigatoni mit Muscheln und Zucchini

Für 4 Personen

1,5 kg Muscheln, gesäubert

200 ml Weißwein

400 g Rigatoni

2 Zucchini

1 Zwiebel

2 Knoblauchzehen

2 EL Olivenöl

3 EL geriebener Parmesan

2 EL Schnittlauchröllchen

Salz und frisch gemahlener Pfeffer

- Die Muscheln mit dem Wein in einen großen Topf geben und bei hoher Temperatur 5–6 Minuten kochen, bis die Muscheln sich geöffnet haben. Abgießen, die Kochflüssigkeit auffangen. Muschelfleisch aus den Schalen nehmen und Muscheln, die sich nicht geöffnet haben, wegwerfen.

- Die Rigatoni in reichlich Salzwasser al dente kochen.

- In der Zwischenzeit die Zucchini in Scheiben schneiden. Die Zwiebeln würfeln und die Knoblauchzehen zerdrücken. In einem Topf 2 EL Olivenöl erhitzen und Zwiebeln und Knoblauch darin 2–3 Minuten andünsten. Dann Zucchini hinzufügen und weitere 4–5 Minuten dünsten. Mit Salz und Pfeffer würzen.

- Rigatoni abgießen und zu den Zucchini geben. Das Muschelfleisch mit der Kochflüssigkeit hinzufügen und mischen.

- Mit geriebenem Parmesan und Schnittlauchröllchen bestreut servieren.

 **Rigatonisalat mit Muscheln und Feta**

350 g Rigatoni in reichlich Salzwasser al dente kochen, 1 Minute vor Ende der Garzeit 150 g Erbsen (TK) zugeben. 200 g zerbröckelten Feta mit 50 g Rucola, abgeriebener Schale von 1 unbehandelten Zitrone, 1 geriebenen Zucchini, 2 EL gehackten Minzeblättchen und 20 geräucherten Muscheln (FP) vermengen. Pasta und Erbsen abgießen, kalt abschrecken und mit den Salatzutaten, 2 EL extra nativem Olivenöl und dem Saft von ½ Zitrone mischen.

Muschel-Zucchini-Bratlinge 250 g gegartes Muschelfleisch (FP, auch geräucherte Muscheln möglich) grob hacken und in eine Schüssel geben. 3 Zucchini reiben, 4 Frühlingszwiebeln in Scheiben schneiden. Zucchini und Frühlingszwiebeln mit 3 EL gehackten Korianderblättern zu den Muscheln geben und mischen. 125 g Weizenmehl mit 125 ml Milch und 3 Eiern in einer Schüssel vermengen und unter die Muschelmischung rühren. Mit Salz und frisch gemahlenem Pfeffer würzen. In einer Pfanne 2 EL Olivenöl erhitzen und für jeden Bratling je 1 EL Teig hineingeben. 3–4 Minuten von jeder Seite goldbraun braten. 200 g Naturjoghurt, 2 EL gehackte Minze und etwas Salz und frisch gemahlenem Pfeffer verrühren und zu den Bratlingen servieren.

Käse-Spinat-Calzone

Für 4 Personen

500 g Weizenmehl (Type 1050)
zzgl. etwas zum Bestäuben
1 Pck. Trockenhefe (7 g)
3 EL Olivenöl
300 g Spinat
400 g Ricotta
4 EL geriebener Parmesan
4 EL geriebener Pecorino
4 Frühlingszwiebeln
Salz und frisch gemahlener Pfeffer

- Den Backofen auf 220 °C vorheizen. 300 ml Wasser leicht erwärmen. Für den Teig Mehl, Hefe und Salz in eine Rührschüssel geben und mischen. In die Mitte eine Vertiefung drücken und 1 EL Olivenöl und fast das ganze warme Wasser hineingeben. Mit den Händen die Zutaten vermengen, eventuell mehr Wasser unterarbeiten. Der Teig sollte weich, aber nicht klebrig sein.

- Den Teig auf eine bemehlte Arbeitsfläche legen und in 5–10 Minuten geschmeidig kneten. Teig vierteln und Kreise (20 cm Durchmesser) ausrollen.

- In einer Pfanne 1 EL Öl erhitzen und den Spinat darin 2–3 Minuten braten, bis die Blätter zusammenfallen. Spinat in eine Schüssel geben und Ricotta, Parmesan und Pecorino hinzufügen. Frühlingszwiebeln in Scheiben schneiden und unterrühren. Würzen.

- Auf jeden Teigkreis jeweils ein Viertel der Spinatmischung geben, dabei einen 2,5 cm breiten Rand lassen. Die Kanten mit Wasser bestreichen, eine Teighälfte über die Füllung klappen und die Ränder fest andrücken. Die Calzone auf ein Backblech legen und im Backofen 6–8 Minuten backen.

Pitta mit Käse-Spinat-Füllung In einer Pfanne 1 EL Olivenöl erhitzen und 1 in Scheiben geschnittene rote Zwiebel darin einige Minuten andünsten. 250 g Spinatblätter zugeben und zusammenfallen lassen. Pfanne vom Herd nehmen und 4 EL geriebenen Parmesan und 200 g gewürfelten Mozzarella unterrühren. Mit Salz und frisch gemahlenem Pfeffer würzen. 4 Pittabrote toasten, an einer Seite aufschneiden und die Spinatmasse einfüllen. Jeweils Salamischeiben darauflegen.

Pastasalat mit Käse und Spinat In einer Pfanne 100 g Pinienkerne ohne Fett goldbraun rösten. 400 g Fusilli in reichlich Salzwasser al dente kochen, abgießen und kalt abschrecken. Die Fusilli mit 2 EL Olivenöl mischen, damit die Pasta nicht aneinanderklebt. 150 g junge Spinatblätter, 200 g geriebenen Gouda und 4 EL geriebenen Parmesan in einer Schüssel mischen. 4 Frühlingszwiebeln in Scheiben schneiden, 100 g Kirschtomaten halbieren und beides in die Schüssel geben. Fusilli hinzufügen. 2 EL Olivenöl und 1 EL Balsamico verrühren und über den Salat geben, gut abschmecken und mit den Pinienkernen bestreuen.

Spaghetti puttanesca

Für 4 Personen

4 Knoblauchzehen
2 EL Kapern
4 Anchovisfilets
1 Handvoll Petersilienblätter
1 Handvoll entkernte grüne Oliven
1 EL Olivenöl
1 große Dose gehackte Tomaten
   (800 g)
1 TL Chiliflocken
400 g Spaghetti
Salz und frisch gemahlener Pfeffer

- Die Knoblauchzehen in dünne Scheiben schneiden. Kapern, Anchovis und Petersilienblätter hacken. Die Oliven in Scheiben schneiden.

- In einem Topf 1 EL Olivenöl erhitzen und Knoblauch 1 Minute darin anbraten, dann gehackte Tomaten, Kapern, Anchovis, Oliven und Chiliflocken hinzufügen. 10 Minuten köcheln lassen, bis die Sauce einzudicken beginnt. Die gehackten Petersilienblätter unterrühren. Mit Salz und Pfeffer abschmecken.

- In der Zwischenzeit Spaghetti in reichlich Salzwasser al dente kochen. Abgießen, mit der Sauce mischen und servieren.

---

1 **Grüne-Bohnen-Risotto mit Anchovis** 400 g grüne Bohnen putzen und in mundgerechte Stücke schneiden. In kochendem Salzwasser 6–7 Minuten garen. In der Zwischenzeit 4 Eier 4 Minuten kochen und kalt abschrecken. Eier pellen. 3 EL extra natives Olivenöl mit 1 EL Sherryessig, 1 TL Dijonsenf, sowie Salz, frisch gemahlenem Pfeffer und 1 Prise Zucker zu einem Dressing verrühren. 400 g gegarten Risottoreis gut erhitzen und auf 4 vorgewärmte Teller verteilen. Die Bohnen darauflegen sowie jeweils ein halbiertes gekochtes Ei und 2–3 halbierte Anchovisfilets. Mit dem Dressing beträufeln und servieren.

3 **Anchovis-Spaghetti** Den Backofen auf 200 °C vorheizen. 6 Pflaumentomaten halbieren, in eine Auflaufform legen und 15 Minuten im Backofen rösten. 350 g Spaghetti in reichlich Salzwasser al dente kochen. In einem kleinen Topf Wasser erhitzen und 3 Eier darin in ca. 5 Minuten weich kochen, bis das Eiweiß fest, aber das Eigelb noch flüssig ist. Tomaten aus dem Ofen nehmen und grob hacken. Mit 4 gehackten Anchovisfilets, 1 gehackten Knoblauchzehe, 1 EL gehackter Gewürzgurke und 50 g Semmelbröseln mischen. Die noch heißen Eier hacken und untermengen. Spaghetti abgießen und mit 1 EL Olivenöl und 1 EL gehackten Petersilienblättern ebenfalls untermischen. Mit Salz und frisch gemahlenem Pfeffer abschmecken. Sofort mit 2 EL geriebenem Parmesan bestreuen und servieren.

Pizza mit Auberginen und Zucchini

Für 4 Personen

1 rote Zwiebel
2 Knoblauchzehen
1 große Aubergine
3 Zucchini, halbiert
1 rote Paprika
1 gelbe Paprika
2 EL Olivenöl
1 Dose gehackte Tomaten (400 g)
4 Pizzaböden (FP)
1 Handvoll Basilikumblätter
200 g geriebener Mozzarella
Salz und frisch gemahlener Pfeffer

- Den Backofen auf 220 °C vorheizen. Die Zwiebel hacken und die Knoblauchzehen zerdrücken. Die Aubergine in mundgerechte Stücke schneiden. Die Zucchini längs halbieren und in Scheiben schneiden. Die rote und gelbe Paprika jeweils entkernen und würfeln.

- In einer Pfanne 2 EL Olivenöl erhitzen und die Zwiebeln und den Knoblauch darin 1–2 Minuten andünsten. Die Aubergine zugeben und 3–4 Minuten mitdünsten, dann die Zucchini und die Paprika hinzufügen und bei schwacher Hitze 4–5 Minuten weitergaren.

- Die gehackten Tomaten zugeben, aufkochen und 2–3 Minuten köcheln lassen, bis das Gemüse weich wird. Mit Salz und Pfeffer abschmecken.

- Die Pizzaböden auf 2 Backbleche legen. Das Gemüse mit einem Schaumlöffel aus der Pfanne nehmen und auf die Pizzaböden verteilen. Basilikumblätter zerzupfen und mit dem Mozzarella auf die Pizzen streuen. Im Backofen 11–13 Minuten backen. Sofort servieren.

---

1 **Pitta mit Antipasti-Gemüse** Den Backofengrill auf hoher Stufe vorheizen. 4 Vollkorn-Pittabrote unter dem Grill 1–2 Minuten von jeder Seite backen. Jeweils mit 1 EL Ketchup bestreichen. Jedes Brot mit 4–5 Stücken gerösteteim Antipasti-Gemüse aus dem Glas belegen, würzen und mit 1 EL geriebenem Mozzarella bestreuen. Unter dem Grill weitere 3–4 Minuten backen, bis der Käse geschmolzen ist.

2 **Reissalat mit Zucchini und Feta** 150 g Basmati-Reis in kochendem Wasser garen, abgießen und kalt abschrecken. 2 Zucchini mit dem Gemüsehobel in dünne Scheiben schneiden. Reis, Zucchini, 4 klein geschnittene Frühlingszwiebeln, 1 fein gewürfelte rote Chili, 2 EL gehackte geröstete Paprika (aus dem Glas), 200 g zerbröckelten Feta und 2 EL gehackte Petersilienblätter vermengen. 2 EL Olivenöl, 1 EL Weißweinessig, Salz und frisch gemahlenen Pfeffer mischen und darüberträufeln. Die Zutaten mit dem Dressing gut vermengen.

Polenta mit Pilzen und Kohl

Für 4 Personen

1 kleiner Wirsing
125 g Pancetta
4 Schalotten
2 Knoblauchzehen
125 g braune Champignons
1 EL Olivenöl
400 ml Milch
200 g Instant-Polenta
25 g Butter
1 TL gehackte Thymianblättchen
100 g Gorgonzola, zerbröckelt
Salz und frisch gemahlener Pfeffer

- Den Wirsing putzen und klein schneiden. Den Pancetta und die Schalotten würfeln. Die Knoblauchzehen zerdrücken und die Champignons in Scheiben schneiden.

- Den Wirsing 4–5 Minuten dämpfen und warm halten. In einem Topf 1 EL Olivenöl erhitzen und den gewürfelten Pancetta darin 2–3 Minuten anbraten. Schalotten und Knoblauch zugeben und weitere 3–4 Minuten braten.

- Die Pilze einrühren und das Ganze weitere 5–6 Minuten dünsten. Mit Salz und Pfeffer würzen.

- In der Zwischenzeit 400 ml Wasser und die Milch in einen Topf gießen, salzen und aufkochen lassen. Polenta zugeben und unter Rühren in 1 Minute dick einköcheln lassen. Butter und Thymian unterrühren.

- Wirsing und Gorgonzola in die Pilzmischung rühren, bis der Käse zu schmelzen beginnt.

- Polenta auf 4 Tellern anrichten, Pilze und Kohl daraufgeben und sofort servieren.

Pilzpolenta In einem Topf 2 EL Olivenöl erhitzen und 1 gewürfelte Zwiebel, 2 zerdrückte Knoblauchzehen und ¼ TL Chiliflocken 2–3 Minuten darin andünsten. 75 g braune Champignons hacken und 2–3 Minuten mitdünsten. 800 ml kochendes Wasser und 200 g Instant-Polenta hinzufügen. 1–2 Minuten unter Rühren kochen. 3 EL geriebenen Parmesan unterrühren und mit etwas Olivenöl beträufeln. Abschmecken und sofort servieren.

Überbackener Wirsing mit Pilzen Den Backofen auf 200 °C vorheizen. 1 Apfel und 1 Zwiebel klein schneiden. 125 g Champignons ebenfalls klein schneiden. 1 Wirsing vierteln und in eine Auflaufform legen. Apfel, Zwiebel und Champignons dazugeben. 2 EL gehackte Petersilienblätter und 200 g geriebenen Mozzarella darüberstreuen. Mit 200 ml heißer Gemüsebrühe und 2 EL Weißweinessig aufgießen. Im Backofen 22–25 Minuten backen, bis der Kohl weich ist.

Fusilli mit Brunnenkresse, Rosinen und Pinienkernen

Für 4 Personen

400 g Fusilli

2 EL Olivenöl

225 g Brunnenkresse

50 g Rosinen

60 g geröstete Pinienkerne

abgeriebene Schale von 1 unbehandelten Zitrone

2 EL geriebener Parmesan

Salz und frisch gemahlener Pfeffer

- Fusilli in reichlich Salzwasser al dente kochen.

- In der Zwischenzeit in einem großen Topf 2 EL Olivenöl erhitzen. Brunnenkresse grob hacken und zugeben. Die Brunnenkresse zusammenfallen lassen, dann die Rosinen hinzufügen.

- Fusilli abgießen und zu Brunnenkresse und Rosinen in den Topf geben. Pinienkerne und Zitronenschale unterziehen. Mit Salz und Pfeffer abschmecken.

- Mit geriebenem Parmesan bestreuen und servieren.

Fusillisalat mit Brunnenkresse 300 g Fusilli in reichlich Salzwasser al dente kochen, abgießen und kalt abschrecken. 2 Karotten in feine Scheiben und 2 Zucchini in Stifte schneiden. 1 rote Paprika entkernen und in Streifen schneiden. Dann die Gemüse mit der Pasta mischen. 75 g Brunnenkresse zugeben. 3 EL Sherryessig, 1 zerdrückte Knoblauchzehe, ½ TL Senf, ½ TL Honig, Salz und frisch gemahlenen Pfeffer zu einem Dressing verrühren und über den Salat geben. Mit 2 EL gerösteten Pinienkernen bestreuen und servieren.

Kartoffelsuppe mit Brunnenkresse In einem Topf 2 EL Olivenöl erhitzen und 2 in Scheiben geschnittene Porreestangen, 2 gewürfelte Kartoffeln und 100 g gehackte Brunnenkresse darin andünsten. Zugedeckt bei schwacher Hitze 10 Minuten köcheln, einmal umrühren. 900 ml Gemüsebrühe zugießen und weitere 10–15 Minuten köcheln. Die Suppe mit dem Pürierstab glatt mixen. 3 EL Crème fraîche und Salz und frisch gemahlenen Pfeffer zugeben und erneut zum Köcheln bringen. Die Suppe in tiefe Teller verteilen und mit je einem eingerührten Klecks Crème fraîche servieren. Mit Brunnenkresse garnieren.

Pfeffersalami-Pasta

Für 4 Personen

1 Zwiebel

2 rote Paprika

350 g Spirelli

1 EL Olivenöl

350 g Rinderhack

1 Dose gehackte Tomaten (400 g)

100 ml Rotwein

125 g Pfeffersalami, in Scheiben
geschnitten

4 EL geriebener Parmesan

Salz und frisch gemahlener Pfeffer

- Den Backofengrill auf hoher Stufe vorheizen. Zwiebeln hacken und rote Paprika entkernen und würfeln.

- In der Zwischenzeit Spirelli in reichlich Salzwasser al dente kochen und abgießen.

- In einer Pfanne 1 EL Olivenöl erhitzen und die Zwiebeln und die Paprika darin 4–5 Minuten andünsten. Hackfleisch zugeben und 3–4 Minuten unter Rühren bräunen.

- Die gehackten Tomaten, den Rotwein und die Pfeffersalami zugeben, aufkochen und 8–10 Minuten köcheln. Mit Salz und Pfeffer abschmecken.

- Die Pasta unter die Fleischmischung rühren. In eine Auflaufform geben und mit dem Parmesan bestreuen.

- Unter dem Grill 2–3 Minuten überbacken, bis der Käse goldbraun ist. Sofort servieren.

**Reissalat mit Pfeffer-
salami** In einer Pfanne
2 EL Olivenöl erhitzen und 1 gehackte Zwiebel einige Minuten darin andünsten. 150 g Pfeffersalami klein schneiden und einige Minuten mitbraten, bis sie knusprig ist. 350 g gegarten Reis untermengen, dann 2 EL gehackte sonnengetrocknete Tomaten und 150 g Erbsen (TK, aufgetaut) zufügen. Mit gehackten Petersilienblättern bestreuen und servieren.

Pfeffersalami-Pizza
Den Backofen auf
220 °C vorheizen. 4 Pizzaböden (FP) auf 2 Backbleche legen und jeden Boden mit 100 g Passata (passierte Tomaten) bestreichen. Auf jeden Boden je 1 Tomate in Scheiben und 75 g Pfeffersalamischeiben legen und 50 g geriebenen Mozzarella darüberstreuen. Im Backofen 11–13 Minuten backen, bis der Käse zerlaufen und goldbraun ist.

Käsegnocchi mit Spinat und Walnüssen

Für 4 Personen

1 EL Olivenöl
250 junge Spinatblätter
500 g Gnocchi (FP)
200 g Crème fraîche
½ TL grobkörniger Senf
75 g geriebener Gouda
25 g geriebener Pecorino
25 g Walnüsse
Salz und frisch gemahlener Pfeffer

- Den Backofengrill auf hoher Stufe vorheizen. In einer Pfanne 1 EL Olivenöl erhitzen und den Spinat darin dünsten, bis er zusammenfällt.

- Die Gnocchi in kochendem Wasser garen und abgießen.

- Die Crème fraîche und den Senf in einen Topf geben und jeweils die Hälfte der Käsesorten einrühren. 2–3 Minuten erhitzen. Dann Spinat und Gnocchi zugeben und erhitzen. Die Walnüsse hacken und unterziehen. Mit Salz und Pfeffer würzen.

- Das Ganze in eine Auflaufform geben und mit dem restlichen Käse bestreuen. Unter dem Grill 3–4 Minuten überbacken und servieren.

Käse-Spinat-Omelett In einer Schüssel 12 Eier verrühren und gut würzen. Dann in einer Pfanne 10 g Butter und ½ EL Olivenöl erhitzen. Ein Viertel der Eiermischung hineingeben und die Pfanne hin und wieder schwenken, damit sie sich gleichmäßig verteilt. Wenn das Omelett fast gar ist, eine Handvoll Spinatblätter und 50 g geriebenen Gouda daraufstreuen. 1–2 Minuten weiterstocken lassen, dann mithilfe eines Palettenmessers die eine Hälfte auf die andere klappen und das Omelett auf einen Teller gleiten lassen und warm stellen. 3 weitere Omeletts auf diese Weise zubereiten.

Käse-Spinat-Polenta mit Pilzen  In einem Topf 2 EL Olivenöl erhitzen und 200 g gehackte braune Champignons mit 2 gehackten Schalotten und 2 gehackten Knoblauchzehen darin anbraten. 3 EL Crème fraîche einrühren, dann ½ TL grobkörnigen Senf und 25 g gehackte geröstete Walnüsse hinzufügen. In einem zweiten Topf 1,3 l Gemüsebrühe aufkochen, 275 g Instant-Polenta zugeben und 5–6 Minuten unter ständigem Rühren köcheln. Topf vom Herd ziehen, sobald die Polenta sämig geworden ist, 100 g geriebenen Gouda und 50 g grob gehackte Spinatblätter zugeben. Mit Salz und frisch gemahlenem Pfeffer abschmecken. Die Polenta auf 4 Tellern anrichten, die Pilze daraufgeben. Mit 2 EL geriebenem Pecorino bestreuen und servieren.

30 Pizza Margherita

Für 4 Personen

1 kg Weizenmehl (Type 1050)
    zzgl. etwas zum Bestäuben
2 Pck. Trockenhefe (je 7 g)
2 EL Olivenöl
500 g Passata (passierte Tomaten)
6 Pflaumentomaten
450 g Mozzarella
Salz und frisch gemahlener Pfeffer

- Den Backofen auf 220 °C vorheizen. Für den Teig Mehl, Hefe und Salz in eine Rührschüssel geben und mischen. In die Mitte eine Vertiefung drücken und 1 EL Olivenöl und 500 ml warmes Wasser zugeben.

- Die Zutaten mit den Händen mischen, falls nötig 50–100 ml Wasser zugeben. Der Teig sollte weich, aber nicht klebrig sein.

- Den Teig auf eine bemehlte Arbeitsfläche legen und in 5–10 Minuten geschmeidig kneten.

- Den Teig vierteln und 4 Kreise von 30 cm Durchmesser ausrollen. Die Böden auf Backbleche legen.

- Jeden Boden mit Passata bestreichen, mit Salz und Pfeffer würzen. Tomaten und Mozzarella in Scheiben schneiden und darauflegen.

- Im Backofen 6–7 Minuten backen, bis der Käse geschmolzen und goldbraun ist. Sofort servieren.

---

1 **Tomatenpitta** Backofengrill auf hoher Stufe vorheizen. 4 Pittabrote von beiden Seiten unter dem Grill rösten. Jeweils 1 EL Tomatenketchup auf die Brote streichen und 4 in Scheiben geschnittene Tomaten darauflegen. Mit Salz und frisch gemahlenem Pfeffer würzen. 300 g Mozzarella in Scheiben schneiden und auf die Brote verteilen. Unter dem Grill backen, bis der Käse goldbraun und geschmolzen ist. Mit gehackten Basilikumblättern bestreuen und servieren.

2 **Spinateier aus dem Ofen** Den Backofen auf 190 °C vorheizen. Einen Topf erhitzen und 400 g Spinat darin dämpfen, bis die Blätter zusammenfallen, dann gut abtropfen lassen. In einer Pfanne 1 EL Olivenöl erhitzen und 3 gehackte Tomaten 3–4 Minuten darin braten. 2 EL gehackte Basilikumblätter zugeben und würzen. Spinat hinzufügen und 1–2 Minuten miterhitzen. Die Mischung in 4 kleine Backförmchen geben. Jeweils 1 Ei aufschlagen und in die Mitte setzen. Jeweils Butterflöckchen daraufgeben und im Backofen 10–12 Minuten backen. Mit geröstetem Ciabatta servieren.

Linguine mit Minzpesto

Für 4 Personen

6 EL Olivenöl

2 Knoblauchzehen

1 Handvoll Minzeblätter

50 g geröstete Pinienkerne

50 g geriebener Parmesan

350 g Linguine

225 g Erbsen (frisch oder TK)

4 Frühlingszwiebeln

Salz und frisch gemahlener Pfeffer

- Für das Pesto 6 EL Olivenöl, Knoblauch, Minze, Pinienkerne und Parmesan in einer Küchenmaschine zu einer glatten Sauce verarbeiten.

- Die Linguine in reichlich Salzwasser al dente kochen.

- In der Zwischenzeit Erbsen 3–4 Minuten in kochendem Wasser garen und abgießen.

- Die Linguine abgießen und wieder in den Topf geben. Dann mit dem Minzpesto mischen. Frühlingszwiebeln in feine Scheiben schneiden und mit den Erbsen unter die Pasta heben. Mit Salz und Pfeffer abschmecken. Sofort servieren.

Spaghetti mit Erbsen und Minzpesto 400 g Spaghetti in reichlich Salzwasser al dente kochen. 250 g Erbsen (TK) 2 Minuten in kochendem Wasser blanchieren und kalt abschrecken. Erbsen mit 2 zerdrückten Knoblauchzehen, 50 g gerösteten Pinienkernen, 50 g geriebenem Parmesan, 6 EL extra nativem Olivenöl, 1 Handvoll Minzeblättern und etwas Salz und frisch gemahlenem Pfeffer in eine Küchenmaschine geben und kurz zu einem Pesto mit noch stückiger Konsistenz verarbeiten. Spaghetti abgießen, wieder in den Topf geben und mit dem Pesto vermengen. Mit Parmesanhobeln bestreut servieren.

Erbsen-Minze-Tarte Den Backofen auf 200 °C vorheizen. In einer Pfanne 125 g gewürfelten Pancetta ohne Fett knusprig ausbraten. 2 Schalotten fein hacken und 2–3 Minuten mitbraten. Das Ganze in eine Tarteform (23 cm Durchmesser) geben. 4 große Eier und 300 g Sahne verrühren. 225 Erbsen (TK), 2 EL gehackte Minzeblätter und 50 g geriebenen Gruyère unterrühren. Eiermischung in die Tarteform geben und mit 2 EL geriebenem Parmesan bestreuen. Im Backofen in 20–22 Minuten goldbraun backen. Warm oder kalt mit einem Salat servieren.

QuickItalian

Fisch & Meeresfrüchte

Rezepte nach Zubereitungszeit

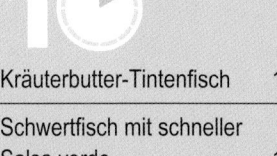

10 Kräuterbutter-Tintenfisch

Für 4 Personen

125 g Butter

abgeriebene Schale von 1 unbehandelten Limette und Saft von
½ Limette

2 EL gehackte Minzeblätter

2 EL gehackte Basilikumblätter

1 EL Olivenöl

500 g Tintenfischringe

Salz und frisch gemahlener Pfeffer

- Butter, Limettenschale, Minze und Basilikum in einer kleinen Schüssel mischen. Limettensaft unterrühren. Mit Salz und Pfeffer würzen.

- In einer großen Pfanne 1 EL Olivenöl erhitzen und die Tintenfischringe darin 1–2 Minuten von jeder Seite braten. Aus der Pfanne nehmen und in eine heiße Schüssel legen.

- Den Tintenfisch mit der Kräuterbutter leicht vermengen und sofort servieren.

2 Tintenfisch mit Kichererbsen

450 g Tintenfisch säubern, in Ringe schneiden und in eine Porzellanschüssel legen. Mit dem Saft von 1 Limette, 1 fein gewürfelten roten Chili und 8 zerzupften Basilikumblättern vermengen. 10 Minuten marinieren lassen. 1 zerkleinerten Römersalat und 150 g halbierte Kirschtomaten in eine große Salatschüssel legen. In einer Pfanne 2 EL Olivenöl erhitzen und 1 rote, in dünne Scheiben geschnittene Zwiebel darin 3–4 Minuten andünsten. Tintenfisch mit der Marinade zugeben und bei hoher Hitze 2–3 Minuten garen. 1 Dose Kichererbsen (400 g, abgespült und abgetropft) einrühren, bis sie mit dem würzigen Öl überzogen sind. Alles zum Salat geben und vorsichtig mischen.

3 Knuspriger Tintenfisch

200 g Weizenmehl, 1 EL Paprikapulver und je 1 Prise Salz und Chilipulver in einen Gefrierbeutel geben. Das Ganze schütteln, dann 500 g Tintenfischringe in den Beutel geben. Erdnussöl in eine Fritteuse oder einen tiefen Topf geben und auf 180–190 °C erhitzen. Es ist heiß genug, wenn ein Brotwürfel innerhalb von 30 Sekunden braun wird. Den Tintenfisch aus dem Beutel nehmen und überschüssiges Mehl abschütteln. Die Ringe portionsweise 3–4 Minuten im heißen Öl frittieren, mit einem Schaumlöffel herausnehmen und auf Küchenpapier abtropfen lassen. In der Zwischenzeit 2 zerdrückte Knoblauchzehen mit 5 EL Mayonnaise verrühren. Den Tintenfisch mit der Knoblauchmayonnaise und Zitronenstücken servieren.

Gegrillter Schwertfisch mit Salsa verde

Für 4 Personen

1 ½ TL Dijonsenf
450 ml extra natives Olivenöl
4 Anchovisfilets, gehackt
je 1 Handvoll Petersilien-, Basilikum-,
   Minze- und Estragonblätter
2 EL Kapern
1 Knoblauchzehe, zerdrückt
2 EL Olivenöl
4 Schwertfischsteaks (je 150 g)
Saft von 1 Zitrone
Salz und frisch gemahlener Pfeffer

- Den Senf und 250 ml extra natives Olivenöl in einer Schüssel verrühren, bis eine homogene Masse entsteht. Die Anchovis einrühren.

- Die Kräuter und die Kapern hacken und mit dem zerdrückten Knoblauch zur Ölmischung geben. Nach und nach weiteres Olivenöl unterarbeiten, bis die Sauce eine dickliche Konsistenz bekommt. Gut abschmecken.

- Eine Grillpfanne erhitzen, die Steaks auf beiden Seiten mit Olivenöl bestreichen und gut würzen. Die Steaks 2–3 Minuten von jeder Seite braten, sie sollten durch, aber noch saftig sein.

- Den Zitronensaft zur Salsa verde geben und diese löffelweise auf den Fisch geben. Dazu einen grünen Salat reichen.

---

1 **Schwertfisch mit schneller Salsa verde**

Den Backofengrill auf hoher Stufe vorheizen. 4 Schwertfischsteaks (je 150 g) unter dem Grill 2–3 Minuten von jeder Seite garen. In der Zwischenzeit 2 Knoblauchzehen, 1 Handvoll Kapern, 1 Handvoll Gewürzgurken, 4 Anchovisfilets, 2 Handvoll Petersilienblätter, 1 Handvoll Minzeblätter, 1 EL Senf, 3 EL Weißweinessig, 8 EL extra natives Olivenöl und etwas Salz und frisch gemahlenen Pfeffer im Mixer zu einer Paste verarbeiten. Zum Fisch servieren.

3  **Schwertfisch mit Tomatensauce** Den

Backofengrill auf hoher Stufe vorheizen. In einer Schüssel 3 EL extra natives Olivenöl, Saft von 1 Zitrone, Blätter von 3 Zweigen Thymian und 2 TL Paprikapulver verrühren. 4 Schwertfischsteaks (je 150 g) nebeneinander in eine flache Schale legen. Die Marinade dazugießen und den Fisch 20 Minuten marinieren lassen. In der Zwischenzeit 12 Tomaten halbieren und mit der Schnittseite nach oben auf ein Backblech setzen. Mit 1 TL Pimentón de la Vera (geräuchertes Paprikapulver) bestreuen, gut würzen und mit 2 EL Olivenöl beträufeln. 1 Handvoll Thymianblättchen daraufgeben. Unter dem Grill backen, bis die Haut beginnt Farbe zu nehmen. Die Tomaten mit dem ausgetretenen Saft in einen Topf geben und mit der Gabel leicht zerdrücken. 1 Handvoll Basilikumblätter, 1 EL Rotweinessig, 1 TL brauner Zucker und 40 g entsteinte schwarze Oliven zugeben. Bei schwacher Hitze köcheln. In einem zweiten Topf 200 g Spinat zusammenfallen lassen und die entstandene Flüssigkeit gut abgießen. Eine Grillpfanne erhitzen und den marinierten Fisch von jeder Seite 2–3 Minuten braten. Mit Spinat und Tomatensauce servieren.

30 Überbackene Muscheln

Für 4 Personen

1–1,5 kg große Miesmuscheln, gesäubert (ca. 48 Muscheln)
60 g Semmelbrösel
50 g Walnüsse
200 g Butter
6 Knoblauchzehen, gehackt
Saft von 1 Zitrone
2 EL geriebener Parmesan
2 EL gehackte Estragonblättchen
1 Handvoll Petersilienblätter, gehackt
Salz und frisch gemahlener Pfeffer

- Den Backofengrill auf hoher Stufe vorheizen. Die Muscheln in einen großen Topf geben und zugedeckt so lange dämpfen, bis sie sich geöffnet haben. Alle ungeöffneten Muscheln entfernen. Die leere Schalenhälfte entfernen und die Muscheln auf ein Backblech legen.

- Semmelbrösel, Walnüsse, Butter, Knoblauch, Zitronensaft und geriebenen Parmesan in eine Küchenmaschine geben und grob mischen. Die Kräuter und 1 Prise Salz und Pfeffer zugeben und noch einmal mixen, bis eine homogene Masse entstanden ist.

- Die Bröselmischung mit einem Teelöffel auf die Muscheln verteilen, sodass jede Muschel bedeckt ist. Unter dem Grill 2–3 Minuten erhitzen, bis die Kruste eine goldgelbe Farbe hat. Eventuell müssen Sie die Muscheln portionsweise backen, wenn sie nicht auf ein Backblech passen. Sofort servieren.

---

1 **Geräucherte Muschel-Bruschetta** 8 Scheiben Ciabatta von beiden Seiten rösten, jede Scheibe mit einer Knoblauchzehe einreiben. 200 g geräuchertes Muschelfleisch aus der Dose grob hacken und mit 2 grob gehackten Tomaten, 1 EL gehackten Petersilienblättern und dem Saft von ½ Zitrone mischen. Mit Salz und frisch gemahlenem Pfeffer abschmecken. Die Mischung auf die Brote streichen und mit einigen Rucolablättern garniert servieren.

2 **Linguine mit Muscheln und Tomaten** In einem Topf 1 kg gesäuberte Miesmuscheln mit 50 ml Weißwein dünsten, bis sich die Schalen geöffnet haben. Abgießen, die Kochflüssigkeit aufbewahren. Ungeöffnete Muscheln wegwerfen. In einem Topf 4 EL Olivenöl erhitzen und 1 fein gehackte Zwiebel, 4 klein geschnittene Knoblauchzehen und ¼ TL Chiliflocken darin andünsten. 450 g Kirschtomaten halbieren und zugeben, 5 Minuten köcheln. In der Zwischenzeit 450 g Linguine in reichlich Salzwasser al dente kochen, abgießen. Die Muschelflüssigkeit durch ein Sieb zu den Tomaten geben, Muscheln zugeben, dann 2 EL gehackte Petersilienblätter und die Linguine unterrühren. Nach Geschmack würzen und servieren.

Makrele mit Rote-Bete-Kartoffelsalat

Für 4 Personen

200 g kleine neue Kartoffeln

4 Frühlingszwiebeln

4 gegarte Rote Bete (vakuumverpackt)

2 EL Olivenöl

4 Makrelenfilets

abgeriebene Schale und Saft von
1 unbehandelten Zitrone

60 g Brunnenkresse

2 EL Kapern, grob gehackt

150 g Naturjoghurt

4 Zitronenstücke

Salz und frisch gemahlener Pfeffer

- Den Backofengrill auf hoher Stufe vorheizen. Kartoffeln in kochendem Wasser weich garen. In der Zwischenzeit die Frühlingszwiebeln in dünne Scheiben, die Rote Bete in dickere Scheiben schneiden.

- Die Kartoffeln abgießen und mit 2 EL Olivenöl, Frühlingszwiebeln und Roten Beten in einer großen Schüssel mischen.

- Die Makrelenfilets mit der Haut nach oben auf ein Backblech legen, mit Zitronensaft beträufeln und mit Pfeffer würzen. Unter dem Grill 3–4 Minuten von jeder Seite erhitzen, bis sie gar sind.

- Inzwischen Brunnenkresse zum Kartoffelsalat geben und diesen mit Salz und Pfeffer abschmecken. Kapern und Zitronenschale mit dem Joghurt verrühren.

- Salat auf 4 Tellern anrichten. Jeweils ein gegrilltes Makrelenfilet darauflegen und einen Klecks Joghurt dazugeben. Mit je einem Zitronenstück servieren.

Räuchermakrele-Rote-Bete-Pâté 8 Scheiben Ciabatta von beiden Seiten rösten. 300 g gehäutete und zerkleinerte Räuchermakrele mit dem Saft von ½ Zitrone, 150 g Frischkäse, 2 TL Meerrettich und etwas Salz und frisch gemahlenem Pfeffer vermengen. Die Pâté auf die Ciabattascheiben streichen und mit je 1 EL geriebener, gegarter Rote Bete bestreuen. Sofort servieren.

Rote-Bete-Risotto mit Räuchermakrele In der Küchenmaschine 2 gegarte Rote Bete (vakuumverpackt) pürieren. In einer großen Pfanne 1 EL Olivenöl erhitzen und 2 gewürfelte Schalotten darin in 2–3 Minuten weich dünsten. 400 g Arborio-Reis zugeben und rühren, bis alle Körner mit Fett überzogen sind. 100 ml Weißwein zugießen und 1–2 Minuten kochen lassen, bis die Flüssigkeit aufgenommen ist.

1 Schöpfkelle heiße Gemüsebrühe zugeben und rühren, bis diese aufgenommen ist. So fortfahren, bis nach und nach 900 ml heiße Gemüsebrühe aufgenommen wurde und der Reis al dente ist. Rote-Bete-Püree einrühren sowie 2 gewürfelte gegarte Rote Bete und 2 zerpflückte geräucherte Makrelenfilets. Mit Schnittlauchröllchen bestreut servieren.

30 Fischeintopf

Für 4 Personen

1 Zwiebel

1 Fenchelknolle

2 Knoblauchzehen

3 EL Olivenöl

1 TL Fenchelsamen

1 Dose gehackte Tomaten (400 g)

250 g Venusmuscheln, gesäubert

2 l Fischbrühe

1 Prise Safranfäden

250 g gegarte Tigergarnelen

4 Rotbarbenfilets (je 100 g)

400 g Seeteufel, in Stücke
geschnitten

2 EL gehackte Petersilienblätter

Salz und frisch gemahlener Pfeffer

- Die Zwiebeln, den Fenchel und die Knoblauchzehen jeweils fein hacken. In einem großen Topf 2 EL Olivenöl erhitzen und Zwiebeln, Fenchel, Knoblauch sowie Fenchelsamen darin 4–5 Minuten andünsten.

- Die gehackten Tomaten einrühren und weitere 12–14 Minuten köcheln lassen, bis das Gemüse gar ist.

- In der Zwischenzeit in einem Topf 1 EL Olivenöl erhitzen und die Venusmuscheln zugedeckt 2–3 Minuten darin garen, bis sich die Schalen geöffnet haben. Alle Muscheln, die nicht geöffnet sind, wegwerfen.

- Die Brühe und den Safran zu den Tomaten geben und aufkochen. Garnelen, Rotbarbe und Seeteufel hinzufügen und das Ganze 5–6 Minuten köcheln lassen, bis der Fisch gar ist. Die gegarten Garnelen und Muscheln zugeben. Gut abschmecken.

- Mit gehackten Petersilienblättern bestreuen und sofort servieren.

---

1 Meeresfrüchtesalat
In einer Schüssel 3 EL extra natives Olivenöl, den Saft von ½ Zitrone, 1 zerdrückte Knoblauchzehe und 2 EL gehackte Petersilienblätter zu einem Dressing verrühren und würzen. 300 g gemischte Meeresfrüchte (Dose oder TK) mit 1 in Scheiben geschnittenen Fenchelknolle und 200 g halbierten Kirschtomaten mischen. 2 Chicorée putzen und die Blätter auf 4 Tellern anrichten. Dressing mit dem Salat vermengen und auf den Chicoréeblättern anrichten. Dazu warmes Ciabatta reichen.

2 Spaghetti mit Meeresfrüchten 300 g Spaghetti in reichlich Salzwasser al dente kochen. In der Zwischenzeit in einer Pfanne 1 EL Olivenöl erhitzen und 1 gehackte Zwiebel und 2 zerdrückte Knoblauchzehen 2–3 Minuten darin andünsten. 1 TL Pimentón de la Vera (geräuchertes Paprikapulver) einrühren, dann 1 Dose gehackte Tomaten (400 g) und 100 ml Gemüsebrühe zugeben und zum Köcheln bringen. 225 g gemischte Meeresfrüchte (Dose oder TK) zugeben und 3–4 Minuten darin erhitzen. Spaghetti abgießen und mit 2 EL gehackten Petersilienblättern unter die Meeresfrüchtesauce rühren. Mit Salz und frisch gemahlenem Pfeffer abschmecken und sofort servieren.

Thunfisch in Tomaten-Kapern-Sauce

Für 4 Personen

600 g frischer Thunfisch
1 große Zwiebel
3 rote Paprika
4 EL Olivenöl
8 Kapern
125 ml Weißwein
1 Dose gehackte Tomaten (400 g)
2 EL gehackte Basilikumblätter
8 Scheiben Ciabatta
Salz und frisch gemahlener Pfeffer
4 Zitronenstücke zum Garnieren

- Den Thunfisch in mundgerechte Stücke zerteilen. Die Zwiebeln in Scheiben schneiden, die rote Paprika entkernen und in Streifen schneiden.

- In einer großen Pfanne 2 EL Olivenöl erhitzen und den Thunfisch darin von allen Seiten anbräunen.

- Zwiebeln, Paprika, Kapern und Weißwein zugeben. Kochen lassen, bis der Weißwein um die Hälfte reduziert ist, dann gehackte Tomaten und 125 ml Wasser zugeben. 10–12 Minuten köcheln, dann Basilikum unterrühren und mit Salz und Pfeffer abschmecken.

- Die Ciabattascheiben von beiden Seiten rösten, dann jeweils 2 Scheiben auf 4 Teller legen. Thunfisch und Sauce daraufgeben und mit Zitrone servieren.

Spaghetti mit Thunfisch und Kapern

400 g Spaghetti in reichlich Salzwasser al dente kochen. In der Zwischenzeit 1 fein gehackte rote Zwiebel, 1 fein gehackte rote Chili, 2 zerdrückte Knoblauchzehen, 2 EL Kapern, den Saft von 1 Zitrone, 3 EL Olivenöl, 2 EL gehackte Petersilienblätter und 1 Dose Thunfisch (185 g, abgetropft und zerpflückt) vermengen. Die Spaghetti mit den anderen Zutaten gut vermischen. Eventuell etwas von der Kochflüssigkeit zugeben.

Thunfisch-Reis-Salat

200 g Basmati-Reis nach Packungsangabe in kochendem Wasser weich garen. Abgießen, kalt abschrecken und in eine große Schüssel geben. 1 Dose Thunfisch (185 g, abgetropft und zerpflückt), 100 g blanchierte Erbsen (TK), 2 rote und 1 gelbe Paprika (entkernt und gewürfelt), 3 gehackte Tomaten, 4 in Scheiben geschnittene Frühlingszwiebeln, 2 EL gehackte Petersilienblätter und 50 g in Scheiben geschnittene grüne Oliven unter den Reis mischen. Mit dem Saft von 1 Zitrone und 3 EL extra nativem Olivenöl vermengen. Nach Geschmack würzen und servieren.

Bohnensalat mit Garnelen

Für 4 Personen

4 Pflaumentomaten
2 EL Olivenöl
4 Frühlingszwiebeln
1 rote Chili, entkernt, in Scheiben
geschnitten
2 Knoblauchzehen, klein geschnitten
6–8 Basilikumblätter, gehackt
1 EL Balsamico
1 TL feiner Zucker
1 Dose Cannellinibohnen (400 g)
225 g gegarte Tigergarnelen
1 EL gehackte Petersilienblätter
Salz und frisch gemahlener Pfeffer
Römersalatblätter zum Garnieren

- Die Tomaten in eine Schüssel legen und mit kochendem Wasser bedecken. 1 Minute ruhen lassen, dann abgießen und kalt abschrecken. Die Haut abziehen und die Tomaten würfeln. Tomaten in eine große Schüssel legen.

- In einer Pfanne 2 EL Olivenöl erhitzen und Frühlingszwiebeln, Chili und Knoblauch darin 2–3 Minuten andünsten. Die Pfanne vom Herd ziehen. Basilikumblätter in der Resthitze unterziehen und zusammenfallen lassen.

- Balsamico und Zucker zugeben und so lange rühren, bis sich der Zucker aufgelöst hat. Würzen.

- Die Cannellinibohnen abspülen und abtropfen lassen, dann mit den Garnelen und der gehackten Petersilie zu den gewürfelten Tomaten geben. Das Dressing aus der Pfanne darübergießen und alles gut mischen.

- Jeweils einige Salatblätter auf 4 Tellern anrichten und den Salat darauf servieren.

 **Cannellinibohnen mit Thunfisch** In einer großen Pfanne 3 EL Olivenöl erhitzen und 1 fein gewürfelte rote Zwiebel und 2 zerdrückte Knoblauchzehen darin weich dünsten. 1 Dose Cannellinibohnen (400 g, abgespült und abgetropft) unterrühren und 2–3 Minuten mitköcheln. Die Pfanne vom Herd nehmen und 4 EL gehackte Petersilienblätter und 1 Dose Thunfisch (185 g, abgetropft und zerpflückt) unterziehen. Mit Salz und frisch gemahlenem Pfeffer würzen und servieren.

 Garnelenspieße mit Cannellinibohnen
Den Backofengrill auf hoher Stufe vorheizen. 2 TL Honig, den Saft von 1 Limette und 1 zerdrückte Knoblauchzehe verrühren. 350 g gegarte Tigergarnelen dazugeben und 5 Minuten marinieren lassen. 100 g kleine Champignons entstielen. 1 rote Paprika entkernen und in mundgerechte Stücke schneiden. 1 Zucchini in Scheiben schneiden. Garnelen aus der Marinade nehmen und im Wechsel mit dem Gemüse auf Spieße stecken. Spieße unter dem Grill 6–7 Minuten garen, das Gemüse sollte dann an den Rändern bereits gebräunt sein. Garnelen zwischendurch mit der Marinade bestreichen. In der Zwischenzeit 3 EL Olivenöl erhitzen und 1 fein gewürfelte rote Zwiebel und 2 zerdrückte Knoblauchzehen darin weich dünsten. 1 Dose Cannellinibohnen (400 g, abgespült und abgetropft) unterrühren und 2–3 Minuten mitköcheln. 4 EL gehackte Petersilienblätter unterziehen und würzen. Die Garnelenspieße mit dem Salat servieren.

Kabeljau in Chili-Tomatensauce

Für 4 Personen

1 Zwiebel

2 Knoblauchzehen

1 rote Paprika

12 entkernte schwarze Oliven

2 EL Olivenöl

¼ TL Chiliflocken

1 Dose gehackte Tomaten (400 g)

100 ml Weißwein

4 Kabeljaufilets ohne Haut (je 150 g)

Salz und frisch gemahlener Pfeffer

- Die Zwiebeln fein würfeln und die Knoblauchzehen zerdrücken. Die rote Paprika entkernen und in dünne Streifen schneiden. Die Oliven in Scheiben schneiden.

- In einer großen Pfanne 2 EL Olivenöl erhitzen und Zwiebeln, Knoblauch und Chiliflocken darin 3–4 Minuten andünsten. Paprika zugeben und weitere 3–4 Minuten dünsten.

- Die gehackten Tomaten, den Weißwein und die Oliven hinzufügen und das Ganze 8 Minuten köcheln lassen. Mit Salz und Pfeffer abschmecken.

- Die Kabeljaufilets in die Pfanne legen und in der Tomatensauce 8–10 Minuten gar ziehen lassen, zwischendurch einmal wenden.

- Nach Belieben mit grünen Bohnen servieren.

Kabeljau mit Pestokruste Den Backofengrill auf hoher Stufe vorheizen. In einer ofenfesten Pfanne 1 EL Olivenöl erhitzen und 4 Kabeljaufilets (je 150 g) 2–3 Minuten darin garen. 4 EL Semmelbrösel, ½ fein gewürfelte rote Chili, 2 EL Pesto aus dem Glas und 3 klein geschnittene Frühlingszwiebeln mischen und die Fischfilets damit bestreichen. Pestokruste etwas andrücken, dann mit 1 EL geriebenem Parmesan bestreuen und unter dem Grill 2–3 Minuten überbacken. Dazu einen grünen Salat reichen.

Chili-Zitronen-Kabeljau Den Backofen auf 200 °C vorheizen. 1 Zitrone in Scheiben schneiden und jeweils einige Scheiben auf 4 Stücke Backpapier legen. 4 Kabeljaufilets (je 150 g) mit 1 TL Chiliflocken, ¼ TL Pimentón de la Vera (geräuchertem Paprikapulver) und 1 Prise Cayennepfeffer würzen. Die Filets auf die Zitrone legen und jeweils 1 EL Weißwein zugeben. Das Backpapier so über dem Fisch zusammenfalten, dass geschlossene Päckchen entstehen. Im Backofen in 15 Minuten garen. Den Fisch aus dem Papier nehmen, auf 4 Tellern anrichten und Garflüssigkeit darüberträufeln. Dazu gedämpftes Gemüse nach Wahl servieren.

Seeteufel mit Prosciutto, Linsen und Spinat

Für 4 Personen

4 Seeteufelfilets ohne Haut (je 150 g)

Saft von 1 Zitrone

2 EL gehackte Basilikumblätter zzgl. etwas zum Garnieren

4 Scheiben Prosciutto, längs durchgeschnitten

4 EL Olivenöl

2 Schalotten, gewürfelt

1 Dose grüne Linsen (400 g), abgespült und abgetropft

200 g junge Spinatblätter

2 EL Crème fraîche

Salz und frisch gemahlener Pfeffer

- Die Seeteufelfilets mit der Hälfte des Zitronensafts beträufeln, dann mit Basilikum und Pfeffer bestreuen. Jedes Filet in 2 Prosciuttostreifen wickeln und 10 Minuten kalt stellen.

- In der Zwischenzeit in einer Pfanne 2 EL Olivenöl erhitzen und die Schalotten darin 3–4 Minuten andünsten. Die Linsen zugeben und weitere 2–3 Minuten erhitzen.

- Spinat einrühren und zusammenfallen lassen. Den restlichen Zitronensaft und die Crème fraîche zugeben und würzen.

- In einer zweiten Pfanne 2 EL Öl erhitzen und die eingewickelten Fischfilets 6–8 Minuten darin braten, zwei- bis dreimal wenden.

- Den Seeteufel auf Linsen und Spinat anrichten. Mit Basilikum bestreuen.

Seeteufel-Linsen-Salat

150 g junge Spinatblätter mit 1 Dose grüne Linsen (400 g, abgespült und abgetropft), 150 g halbierten Kirschtomaten und einigen zerkleinerten Basilikumblättern in einer Salatschüssel mischen. 300 g gewürfeltes Seeteufelfilet in 1 EL Olivenöl braten. 3 EL extra natives Olivenöl, 1 EL Balsamico, 1 Prise Chiliflocken, 1 TL Zucker, 2 zerdrückte Knoblauchzehen, Salz und frisch gemahlenen Pfeffer verrühren. Die gegarten Fischstücke zum Salat geben und das Dressing darübergießen. Mit 2 EL gerösteten Walnussstücken bestreuen.

Seeteufelfilets in Tomatensauce

In einer Pfanne 2 EL Olivenöl erhitzen und 2 fein gewürfelte Schalotten darin anbraten. 2 zerdrückte Knoblauchzehen, ½ TL Pimentón de la Vera (geräuchertes Paprikapulver) und 1 entkernte und in Streifen geschnittene rote Paprika 2 Minuten mitbraten. 1 Dose gehackte Tomaten (400 g) dazugeben und 5–6 Minuten köcheln lassen. 100 g zerkleinerte Spinatblätter einrühren und zusammenfallen lassen. Mit Salz und frisch gemahlenem Pfeffer würzen. 450 g Seeteufel in 2,5 cm große Stücke schneiden. In einer zweiten Pfanne

1 EL Olivenöl erhitzen und die Fischstücke darin 1–2 Minuten von jeder Seite braten. Seeteufelstücke in die Tomatensauce geben und vorsichtig mischen. 2 EL gehackte Petersilienblätter darüberstreuen. Auf erwärmten grünen Linsen (aus der Dose) anrichten.

Bohnensalat mit Thunfisch und Paprika

Für 4 Personen

3 rote Paprika
1 Dose Thunfisch in Öl (200 g)
½ TL Senf
½ TL Honig
½ TL Balsamico
75 g Kirschtomaten
1 rote Zwiebel
1 Dose Cannellinibohnen (400 g)
Salz und frisch gemahlener Pfeffer
Petersilienblätter zum Garnieren

- Den Backofengrill auf hoher Stufe vorheizen. Die roten Paprika entkernen und halbieren. Mit der Wölbung nach oben unter den Grill legen, bis die Haut schwarze Blasen wirft. Paprika in eine große Schüssel legen, mit Frischhaltefolie abdecken und abkühlen lassen, dann die Haut abziehen und die Paprika in Streifen schneiden.

- Das Thunfischöl in eine Schüssel abgießen und mit Senf, Honig und Balsamico zu einem Dressing verrühren. Mit Salz und frisch gemahlenem Pfeffer würzen.

- Die Kirschtomaten halbieren. Die Zwiebeln in feine Scheiben schneiden. Die Cannellinibohnen abspülen und abtropfen lassen.

- Den Thunfisch mit einer Gabel zerpflücken und auf 4 Tellern anrichten. Paprika, Bohnen, Zwiebeln und Tomaten dazulegen.

- Das Dressing darüberträufeln und alles kurz mischen. Mit Petersilienblättern bestreuen und servieren.

Bohnensuppe mit Paprika und Garnelen

In einem Topf 1 EL Olivenöl erhitzen und 1 gehackte Zwiebel, 2 gehackte Knoblauchzehen, 2 entkernte und gewürfelte rote Paprika und 1 in Scheiben geschnittene Karotte darin andünsten. Dann 2 Dosen Cannellinibohnen (je 400 g, abgespült und abgetropft) zugeben sowie 1 l heiße Gemüsebrühe. Aufkochen und 3–4 Minuten köcheln lassen. Mit dem Pürierstab glatt mixen, dann 250 g gegarte, geschälte Garnelen zugeben und 1 Minute darin erhitzen. Mit gehackten Basilikumblättern bestreut und je 1 Klecks Naturjoghurt servieren.

Thunfischsteaks mit Bohnen-Brokkoli-Salat

200 g Brokkoliröschen weich dämpfen. Unter kaltem Wasser abschrecken. 3 EL extra natives Olivenöl, 1 EL Balsamico, ½ TL Honig, ½ TL Senf und ½ TL Chiliflocken zu einem Dressing verrühren. Mit Salz und frisch gemahlenem Pfeffer würzen. 1 Dose Limabohnen (400 g, abgespült und abgetropft), 50 g gewürfelte sonnengetrocknete Tomaten, 1 gewürfelte rote Zwiebel und 1 entkernte und gewürfelte rote Paprika in eine Salatschüssel geben. Brokkoli und Dressing hinzufügen. In einer Pfanne 2 EL Olivenöl erhitzen und 4 Thunfischsteaks (je 125 g) darin 2–3 Minuten von jeder Seite braten. 2 Minuten ruhen lassen. Mit dem Salat anrichten. Fisch mit 2 EL gerösteten Pinienkernen bestreuen und mit 2 EL Olivenöl beträufeln.

 Ofenforelle mit Oliven

Für 4 Personen

4 Forellen (je ca. 225 g), geschuppt

4 EL Mehl

2 EL Olivenöl

1 Zwiebel

30 g mit roter Paprikapaste gefüllte grüne Oliven

1 Dose gehackte Tomaten (400 g)

Saft von 1 Zitrone

1 EL Kapern

Salz und frisch gemahlener Pfeffer

2 EL gehackte Petersilienblätter zum Garnieren

- Den Backofen auf 190 °C vorheizen. Die Forellen mit Mehl bestäuben. In einer Pfanne 2 EL Olivenöl erhitzen und die Forellen von jeder Seite 2–3 Minuten braten. Fische nebeneinander in eine große Auflaufform legen.

- Die Zwiebeln in Scheiben schneiden und mit den Oliven in die Pfanne geben. 3–4 Minuten dünsten, dann auf den Fischen verteilen. Die gehackten Tomaten, den Zitronensaft und die Kapern daraufgeben. Die Forellen im vorgeheizten Backofen bei 190 °C in 15–18 Minuten garen.

- Mit gehackten Petersilienblättern bestreuen und servieren.

 **Räucherforellen-Pâté**

350 g geräuchertes Forellenfilet, 200 g Butter, Saft von 1 Zitrone, 1 EL Sahnemeerrettich und 1 Prise Cayennepfeffer in der Küchenmaschine zu einer glatten Paste verarbeiten. Mit Salz und frisch gemahlenem Pfeffer abschmecken. Weitere 100 g geräucherte Forelle in Stücke zupfen und untermengen. 1 EL Crème fraîche und 2 EL Schnittlauchröllchen unterheben. Mit gerösteten Ciabattascheiben servieren.

Fusilli mit Räucherforelle und Erbsen

400 g Fusilli in reichlich Salzwasser al dente kochen. 1 Minute vor Ende der Garzeit 175 g Erbsen (TK) zugeben. In der Zwischenzeit 1 EL Sahnemeerrettich und 4 EL Crème fraîche in einer Schüssel verrühren. 250 g Räucherforellenfilet in einer weiteren Schüssel in kleine Stücke zupfen. Fusilli und Erbsen abgießen, wieder in den Topf geben und Crème fraîche und Forelle unterheben. Würzen und mit einem grünen Salat servieren.

 # Wolfsbarsch mit Linsensalat

Für 4 Personen

1 rote Paprika

3 Frühlingszwiebeln

1 Dose Linsen (400 g)

4 EL Olivenöl

2 EL gehackte Petersilienblätter

1 rosa Grapefruit

4 Wolfsbarschfilets (je 150 g)

Salz

- Die rote Paprika entkernen und würfeln. Die Frühlingszwiebeln in Scheiben schneiden. Die Linsen abspülen und abtropfen lassen.

- In einer kleinen Pfanne 2 EL Olivenöl auf mittlere Temperatur erhitzen. Linsen, Petersilie, rote Paprika und Frühlingszwiebeln zugeben und 2–3 Minuten dünsten. Mit etwas Salz würzen.

- Die Grapefruit schälen und das Fruchtfleisch in einzelne Segmente teilen, den Saft dabei auffangen. Zu den Linsen geben.

- In einer zweiten Pfanne 2 EL Öl erhitzen und die Fischfilets darin von jeder Seite 2–3 Minuten braten.

- Fischfilets auf den Linsen anrichten.

 Wolfsbarschfilets mit Oliven-Kartoffeln

550 g geschälte und gewürfelte neue Kartoffeln in kochendem Wasser garen. In der Zwischenzeit in einer Pfanne 2 EL Olivenöl erhitzen und 4 Wolfsbarschfilets (je 150 g) von jeder Seite – zuerst mit der Hautseite nach unten – 3–4 Minuten darin braten. Kartoffeln abgießen, 100 g halbierte Kirschtomaten, 100 g gehackte schwarze Oliven, 3 EL Olivenöl und 1 EL gehackte Petersilienblätter zu den Kartoffeln geben und alles mit der Gabel etwas zerdrücken. Mit Salz und frisch gemahlenem Pfeffer abschmecken. Kartoffeln auf 4 Tellern anrichten und den Fisch darauflegen.

 **Wolfsbarsch-Carpaccio** 450 g

Wolfsbarschfilet ohne Haut schräg in sehr dünne Scheiben schneiden und in eine flache Schale legen. Den Saft von 1 rosa Grapefruit mit 3 EL Olivenöl, 3 fein geschnittenen Frühlingszwiebeln und etwas frisch gemahlenem Pfeffer verrühren und auf den Fisch geben. 25 Minuten marinieren. Abgelöste Blätter eines Römersalats auf einen Servierteller legen und mit den Fruchtsegmenten von 2 rosa Grapefruits belegen. Den marinierten Fisch darauf verteilen und mit 1 EL Sesamsamen bestreut servieren.

Safran-Jakobsmuscheln mit Apfel-Pistazien-Püree

Für 4 Personen

3 Dessertäpfel
4 EL Olivenöl
1 Zimtstange
4 Nelken
200 g Pistazienkerne
Saft von ½ Zitrone
1 EL Sherryessig
1 EL Honig
1 Prise Safranfäden
12 Jakobsmuscheln

- Die Äpfel schälen, entkernen und fein würfeln. In einem Topf 1 EL Olivenöl erhitzen und Zimtstange und Nelken darin 1–2 Minuten erhitzen. Äpfel dazugeben und bei schwacher Hitze 4–5 Minuten dünsten, bis diese weich sind.

- Die Gewürze herausnehmen. Die Hälfte der Pistazien einrühren und weitere 3–4 Minuten köcheln. Die Mischung in eine Küchenmaschine geben und zu einem glatten Püree verarbeiten. Den Zitronensaft unterrühren und das Püree warm halten.

- Die restliche Pistazien in der Küchenmaschine fein hacken. 2 EL Olivenöl unterziehen.

- Den Sherryessig in einem kleinen Topf erhitzen, auf 1 TL einköcheln lassen. Dann den Honig und den Safran einrühren.

- In einer Pfanne 1 EL Olivenöl erhitzen und die Jakobsmuscheln von jeder Seite 1 Minute anbraten – nicht länger. Für die letzten 30 Sekunden Safran-Honig-Glasur zugeben.

- Apfel-Pistazien-Püree auf 4 Tellern anrichten. Jeweils 3 Jakobsmuscheln darauflegen, dann mit dem Pistazienöl beträufeln.

Jakobsmuschelsalat
Je 60 g Rucola, Spinatblätter und Brunnenkresse mit 1 in dünne Scheiben geschnittenen Apfel und 2 EL italienischem Salatdressing mischen. In einer Pfanne 2 EL Sonnenblumenöl erhitzen und 6 Salbeiblätter darin knusprig braten. 1 Stück Butter und 1 EL Olivenöl erhitzen und 12 Jakobsmuscheln von jeder Seite 1 Minute braten. Die Muscheln auf die Salatblätter legen, mit 1 EL Kapern, 2 EL gehackten Pistazienkernen und den knusprigen Salbeiblättern bestreuen und servieren.

Jakobsmuscheln im Speckmantel Den Backofen auf 190 °C vorheizen. 6 Scheiben durchwachsenen Speck längs durchschneiden und 12 Jakobsmuscheln damit umwickeln. Mit einem Cocktailspieß feststecken. Die Muscheln mit Zitronensaft beträufeln und auf ein Backblech legen. Im Backofen 15 Minuten garen. In der Zwischenzeit 2 Äpfel und 2 Karotten reiben und ½ Weißkohl in feine Streifen schneiden. Äpfel, Karotten und Weißkohl in eine Salatschüssel geben und mit 2 EL Olivenöl, 1 TL Honig und dem Saft von ½ Zitrone vermengen. Mit Salz und frisch gemahlenem Pfeffer abschmecken. Mit 1 EL gehackten Pistazienkernen bestreuen und den Krautsalat mit den Muscheln servieren.

Muscheln mit Pancetta

Für 4 Personen

4 Scheiben Ciabatta
3 Knoblauchzehen, 1 ganz gelassen,
  2 zerdrückt
200 g Pancetta
2 EL Olivenöl
1,5 kg Miesmuscheln
200 ml Cidre
3 EL Crème fraîche
1 EL gehackte Estragonblättchen
1 EL gehackte Petersilienblätter

- Die Brotscheiben von beiden Seiten rösten, dann mit der ganzen Knoblauchzehe einreiben und auf vorgewärmte Teller legen.

- Den Pancetta würfeln. In einem großen Topf 2 EL Olivenöl erhitzen und den Pancetta darin in 2–3 Minuten knusprig braten. Mit einem Schaumlöffel herausnehmen.

- Die Miesmuscheln waschen und von Bärten befreien. Mit den zerdrückten Knoblauchzehen und dem Cidre in den Topf geben und 3–4 Minuten kochen, bis sich die Muschelschalen geöffnet haben. Ungeöffnete Muscheln wegwerfen.

- Muscheln mit einem Schaumlöffel herausnehmen und portionsweise auf den Brotscheiben anrichten.

- Die Crème fraîche zum Muschelsud geben und 1–2 Minuten kochen. Die Kräuter und den Pancetta hinzufügen und erwärmen. Die Sauce über die Muscheln geben und servieren.

Spargel mit Muschelsauce Für die Sauce 100 g gegartes Muschelfleisch und 2 zerdrückte Knoblauchzehen mit 150 ml heißer Fischbrühe in einen Topf geben und 2 Minuten köcheln lassen. 300 g Sahne und 1 EL gehackte Petersilienblätter einrühren und die Sauce in 4–5 Minuten dicklich einköcheln. In der Zwischenzeit 12 grüne Spargelstangen im unteren Drittel schälen und jeweils in eine Scheibe Pancetta wickeln. Mit 2 EL Olivenöl beträufeln. Eine Grillpfanne erhitzen und den Spargel darin 4–5 Minuten braten, dabei gelegentlich wenden. Mit Muschelsauce beträufeln und servieren.

Muschel-Safran-Risotto In einem großen Topf 25 g Butter erhitzen und 2 gehackte Schalotten darin 1 Minute andünsten, dann 150 ml Weißwein zugießen und zum Köcheln bringen. 1 kg gesäuberte Muscheln in den Topf geben und zugedeckt 2–3 Minuten darin garen, bis sich die Muschelschalen geöffnet haben. Ungeöffnete Muscheln wegwerfen. Muscheln abgießen, die Flüssigkeit wieder in den Topf geben. Muschelfleisch aus den Schalen nehmen und beiseitelegen. Sud mit 1 l Fischbrühe auffüllen und warm halten. In einem zweiten Topf 25 g Butter erhitzen und 2 gehackte Schalotten darin 2 Minuten andünsten, dann 300 g Arborio-Reis einrühren. 1 Schöpfkelle der heißen Fischbrühe und 2 Prisen Safranfäden zufügen und unter Rühren kochen, bis die Flüssigkeit aufgenommen ist. Mit der restlichen Brühe so fortfahren (jeweils 1 Kelle zugeben) und rühren, bis die gesamte Flüssigkeit vom Reis aufgenommen und der Reis al dente ist. Muschelfleisch unterrühren und mit geriebenem Parmesan bestreut servieren.

Garnelen-Tomaten-Salat

Für 4 Personen

3 große Tomaten,

1 rote Paprika

4 Frühlingszwiebeln

500 g gegarte Tigergarnelen

25 g Rucola

3 EL extra natives Olivenöl

2 EL Rotweinessig

½ TL Kreuzkümmelsamen

Salz und frisch gemahlener Pfeffer

- Die Tomaten hacken. Die roten Paprika entkernen und würfeln. Die Frühlingszwiebeln in Scheiben schneiden.

- Die Garnelen mit Tomaten, Paprika, Frühlingszwiebeln und Rucolablättern in einer Servierschüssel mischen.

- In einer kleinen Schüssel 3 EL Olivenöl mit Rotweinessig und Kreuzkümmel zu einem Dressing verrühren. Mit Salz und Pfeffer würzen.

- Das Dressing zu den Salatzutaten geben und alles gut vermengen. Sofort servieren.

Garnelen mit Fleischtomaten und Mozzarella 3 Fleischtomaten und 2 Zucchini in Scheiben schneiden und in einer heißen Grillpfanne von jeder Seite so lange braten, bis sie gebräunt sind. Tomaten und Zucchini auf einer großen Platte mit 200 g in Scheiben geschnittenem Mozzarella, 12 grob zerkleinerten Basilikumblättern und 12 gegarten Tigergarnelen anrichten. 3 EL extra natives Olivenöl sowie den Saft von ½ Zitrone darüberträufeln, salzen und pfeffern. 5 Minuten ziehen lassen, dann mit 2 EL gerösteten Pinienkernen bestreuen und servieren.

Gefüllte Fleischtomaten Den Backofen auf 220 °C vorheizen. In einer Pfanne 1 EL Olivenöl erhitzen und 2 gehackte Knoblauchzehen, 2 klein geschnittene Frühlingszwiebeln und 10 gegarte Tigergarnelen 4–5 Minuten darin braten. 100 g Semmelbrösel und 2 EL gehackte Petersilienblätter dazugeben und würzen. 4 Fleischtomaten quer halbieren und mit einem Löffel aushöhlen, dann in eine kleine Auflaufform setzen. Mit der Garnelenmischung füllen. Mit 2 EL geriebenem Parmesan bestreuen und im Backofen 18–20 Minuten backen. Mit einem grünen Salat servieren.

Rotbarbenfilet mit grünen Bohnen und Paprika

Für 4 Personen

1 rote Zwiebel

2 rote Paprika

300 g grüne Bohnen

2 EL Olivenöl

4 Rotbarbenfilets (je 150 g)

2 EL Haselnüsse

2 EL gehackte Petersilienblätter

Salz und frisch gemahlener Pfeffer

- In einem Topf Salzwasser zum Kochen bringen. Die rote Zwiebel hacken. Die roten Paprika entkernen und in Streifen schneiden. Die grünen Bohnen putzen und in dem kochendem Wasser gar kochen. Abgießen.

- In der Zwischenzeit in einer Pfanne 1 EL Olivenöl erhitzen und die Zwiebeln darin 2–3 Minuten andünsten, dann die Paprika zugeben und weitere 2–3 Minuten dünsten.

- In einer zweiten Pfanne 1 EL Olivenöl erhitzen und die Rotbarbenfilets darin 3–4 Minuten von jeder Seite braten.

- Die Haselnüsse hacken und mit den grünen Bohnen zu den Paprika geben, Pfanne vom Herd ziehen und gehackte Petersilienblätter unterrühren. Mit Salz und Pfeffer abschmecken.

- Die Filets auf dem Bohnengemüse anrichten und servieren.

 Rotbarbe mit Tomaten-Kräuter-Sauce In einer Pfanne 1 EL Olivenöl erhitzen und 4 Rotbarbenfilets (je 150 g) darin von jeder Seite 3 Minuten braten, beim Wenden den Fisch mit dem Saft von 1 Orange beträufeln. Den Fisch aus der Pfanne nehmen und warm halten. 6 Pflaumentomaten hacken und mit 1 EL Estragonblättchen und 1 EL gehacktem Dill in die Pfanne geben. 3–4 Minuten köcheln und mit Salz und frisch gemahlenem Pfeffer abschmecken. Fisch mit der Tomatensauce servieren.

 **Rotbarbe im Pancettamantel mit Kartoffelstampf** 4 Rotbarbenfilets (je 150 g) jeweils überlappend in 2 Scheiben Pancetta wickeln, je 2–3 Basilikumblätter mit hineinstecken. 300 g geschälte Kartoffeln in kochendem Wasser garen, abgießen und 50 g gehackte schwarze Oliven, 2 EL Olivenöl und etwas Salz und frisch gemahlenen Pfeffer zugeben. Das Ganze mit einem Kartoffelstampfer grob zerdrücken. In der Zwischenzeit 350 g grüne Spargelspitzen (alternativ Zuckerschoten)

4–5 Minuten in 1 EL Olivenöl braten. Herausnehmen und warm halten. In einer Pfanne 1 EL Olivenöl erhitzen und den eingewickelten Fisch 3–4 Minuten von jeder Seite braten. Mit Kartoffelstampf und Gemüse servieren.

Meeresfrüchteeintopf

Für 4 Personen

1 Zwiebel

4 Knoblauchzehen

4 EL Olivenöl

100 ml Weißwein

1 Dose gehackte Tomaten (400 g)

200 ml Fischbrühe

1 Prise Safranfäden

400 g gegarte gemischte Meeresfrüchte

2 EL gehackte Petersilienblätter

Salz und frisch gemahlener Pfeffer

- Die Zwiebeln fein würfeln, die Knoblauchzehen zerdrücken. In einem Topf 4 EL Olivenöl erhitzen und Zwiebeln und Knoblauch darin 3–4 Minuten andünsten. Den Weißwein zugeben und 2–3 Minuten kochen, dann die gehackten Tomaten, die Fischbrühe und den Safran hinzufügen.

- Zum Köcheln bringen, die gemischten Meeresfrüchte zugeben und die gehackten Petersilienblätter einrühren. Den Eintopf 5–6 Minuten erhitzen und mit Salz und Pfeffer abschmecken.

- Nach Belieben mit knusprigem Brot servieren.

Meeresfrüchtesalat
Je 1 rote und gelbe Paprika entkernen und würfeln. 4 Frühlingszwiebeln in Scheiben schneiden. 200 g Kirschtomaten halbieren. 400 g gegarte gemischte Meeresfrüchte mit Paprika, Frühlingszwiebeln, Kirschtomaten und 50 g Rucola in einer Salatschüssel mischen. Mit 2 EL Olivenöl, dem Saft von 1 Zitrone sowie Salz und frisch gemahlenem Pfeffer vermengen. Dazu knuspriges Brot servieren.

Meeresfrüchte-risotto In einem Topf 2 EL Olivenöl erhitzen und 1 gewürfelte Zwiebel, 1 fein gewürfelte rote Chili und 2 zerdrückte Knoblauchzehen darin 2–3 Minuten dünsten. 350 g Arborio-Reis und 2 EL Tomatenmark zugeben und 1–2 Minuten rühren. 100 ml Weißwein zugießen und 1–2 Minuten unter Rühren kochen, bis die Flüssigkeit aufgenommen ist. 1 Schöpfkelle heiße Fischbrühe (insgesamt 1 l) zugeben und rühren, bis diese aufgenommen ist. Schöpflöffelweise so fortfahren, bis die Brühe vollständig aufgenommen und der Reis al dente ist. Dann 400 g gegarte gemischte Meeresfrüchte und 1 Handvoll gehackte Petersilienblätter unterrühren, 2–3 Minuten kochen, bis die Meeresfrüchte heiß sind. Den Saft von ½ Zitrone zugeben und sofort servieren.

30 Marinierte Sardinen

Für 4 Personen

12 Sardinen ohne Gräten, filetiert

100 ml Olivenöl

abgeriebene Schale und Saft von
1 unbehandelten Limette

2 EL gehackte Basilikumblätter

¼ TL Chiliflocken

Zitronenstücke zum Garnieren

- Den Backofengrill auf hoher Stufe vorheizen. Die Sardinen in eine flache Porzellanschale legen.

- In einer kleinen Schüssel 100 ml Olivenöl, Limettenschale und -saft, Basilikum und Chiliflocken verrühren und über die Sardinen geben. Mit Frischhaltefolie abgedeckt 20 Minuten marinieren.

- Die Sardinen anschließend unter dem Grill 1–2 Minuten von jeder Seite garen.

- Mit Zitronenstücken anrichten. Nach Belieben mit Ciabatta oder einem grünen Salat servieren.

---

1 **Sardinen-Tomaten-Bruschetta** 8 Scheiben Ciabatta von beiden Seiten leicht rösten, dann jede Scheibe mit einer Knoblauchzehe einreiben. 3 Tomaten in dünne Scheiben schneiden und auf die Brotscheiben legen. Einige Rucolablätter darauflegen. Die Bruschetta mit Sardinen aus 2 Dosen (je 125 g, abgetropft) belegen, mit dem Öl beträufeln und mit frisch gemahlenem Pfeffer würzen.

2 **Sardinen mit Limabohnen** In einer großen Pfanne 2 EL Olivenöl erhitzen. 8 Sardinen mit Mehl bestäuben und darin 3 Minuten von jeder Seite braten. Aus der Pfanne nehmen und warm halten. Dann 1 EL Öl in die Pfanne geben und 2 fein gehackte Knoblauchzehen 1 Minute braten. 100 ml Weißwein zugießen und 1 Minute kochen. Dabei den Bodensatz vom Pfannenboden lösen. 1 Dose

Limabohnen (400 g, abgespült und abgetropft) sowie 200 g Kirschtomaten und 3 EL gehackte Petersilienblätter zugeben und mischen. Mit Salz und frisch gemahlenem Pfeffer würzen. Sardinen wieder in die Pfanne legen, mit dem Saft von 1 Zitrone beträufeln. Dazu knuspriges Brot servieren.

10 Cannellinibohnensalat mit Thunfisch

Für 4 Personen

2 Dosen Thunfisch (je 185 g)

2 Tomaten

1 rote Zwiebel

1 Dose Cannellinibohnen (400 g)

30 g entsteinte schwarze Oliven

50 g Rucola

2 EL extra natives Olivenöl

Salz und frisch gemahlener Pfeffer

- Den Thunfisch abtropfen lassen und in eine Servierschüssel geben. Mit einer Gabel in Stücke zerpflücken.

- Die Tomaten würfeln und die Zwiebeln in Scheiben schneiden. Die Cannellinibohnen abspülen und abtropfen lassen. Tomaten, Zwiebeln und Bohnen mit den schwarzen Oliven und dem Rucola zum Thunfisch geben und vermengen. Mit Salz und frisch gemahlenem Pfeffer würzen.

- Mit Olivenöl beträufeln und servieren.

2 Grüne-Bohnen-Salat mit Thunfisch

450 g grüne Bohnen in kochendem Salzwasser 4–5 Minuten garen. In der Zwischenzeit 3 EL extra natives Olivenöl mit dem Saft von 1 Zitrone und ½ TL Honig in einer Salatschüssel verrühren. 50 g gehackte sonnengetrocknete Tomaten und 40 g entsteinte und in Scheiben geschnittene schwarze Oliven unterrühren. Die warmen grünen Bohnen mit dem Dressing mischen und abschmecken. 2 Dosen Thunfisch (je 185 g) abtropfen lassen, mit einer Gabel zerpflücken und unterheben.

3 Thunfischsteaks mit Grüne-Bohnen-Salat

4 Thunfischsteaks (je 150 g) auf ein Brett legen und von beiden Seiten pfeffern. 450 g grüne Bohnen in kochendem Salzwasser 4–5 Minuten garen. In der Zwischenzeit 3 EL extra natives Olivenöl mit dem Saft von 1 Zitrone und ½ TL Honig in einer Salatschüssel verrühren. 50 g gehackte sonnengetrocknete Tomaten und 40 g entsteinte und in Scheiben geschnittene schwarze Oliven unterrühren. Die warmen grünen Bohnen mit dem Dressing mischen und abschmecken. 65 g Haselnusskerne in einer Pfanne ohne Fett rösten, grob hacken und unter die Bohnen ziehen. In einer zweiten Pfanne 1 EL Olivenöl erhitzen und die Steaks von jeder Seite 3–4 Minuten braten. Die Garzeit hängt davon ab, wie gar der Fisch sein soll. Den Thunfisch auf dem Bohnensalat anrichten.

QuickItalian

Fleisch &
Geflügel

Rezepte nach Zubereitungszeit

3⏱

2⏱

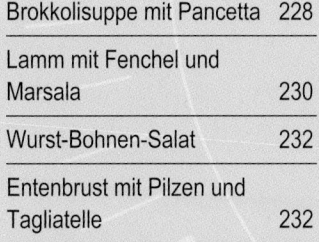

30 Lammeintopf mit Oliven

Für 4 Personen

450 g Lammschulter

2 EL Mehl

1 Zwiebel

2 Knoblauchzehen

2 Karotten

2 EL Olivenöl

½ EL gehackter Rosmarin

200 ml Weißwein

1 Dose gehackte Tomaten (400 g)

12 schwarze entsteinte Oliven

abgeriebene Schale und Saft von

   1 unbehandelten Zitrone

2 EL gehackte Petersilienblätter

200 g Instant-Polenta

25 g Butter

2 EL geriebener Parmesan

Salz und frisch gemahlener Pfeffer

- Das Lammfleisch in kleine Würfel schneiden, mit Salz und Pfeffer würzen und mit Mehl bestäuben. Die Zwiebel und die Knoblauchzehen hacken. Die Karotten in kleine Würfel schneiden.

- In einem Topf 2 EL Olivenöl erhitzen und das Fleisch darin von allen Seiten braun braten.

- Die Zwiebeln zugeben und 3–4 Minuten braten, dann Karotten, Knoblauch und Rosmarin einrühren und 3–4 Minuten mitbraten.

- Den Weißwein und die gehackten Tomaten hinzufügen, aufkochen und 20 Minuten köcheln lassen, bis das Fleisch gar ist.

- Oliven, Zitronenschale und -saft sowie Petersilie 1 Minute vor Ende der Garzeit untermengen und gut abschmecken.

- In der Zwischenzeit 800 ml Wasser in einem zweiten Topf aufkochen und Polenta zugeben. Unter Rühren 1 Minute kochen lassen. Die Butter und den Parmesan einrühren und Polenta auf 4 Tellern anrichten.

- Den Lammeintopf darübergeben und servieren.

 Lammkoteletts mit gebratener Polenta

In einer Pfanne 2 EL Olivenöl erhitzen und 8 Scheiben gegarte Polenta darin 2 Minuten von jeder Seite braten. Herausnehmen und warm halten. 1 EL Olivenöl in die Pfanne geben und 1 fein gewürfelte Zwiebel und 1 fein gehackte rote Chili 1 Minute darin braten. 8 Lammkoteletts hineinlegen und mit gerebeltem Oregano bestreuen. 2 Minuten von jeder Seite braten. 1 Spritzer Rotwein und 2 EL gehackte schwarze Oliven zugeben und mit der Polenta servieren.

 **Lammkarree mit Rosmarin und Oliven**

Den Backofen auf 200 °C vorheizen. In einer Pfanne 1 EL Olivenöl erhitzen und 2 Lammkarrees (je 750–1000 g) darin scharf anbraten. Fleisch in einen Bräter legen und 300 ml Weißwein, 2–3 Rosmarinzweige, 30 entsteinte schwarze Oliven und 3 EL Kapern hinzufügen. Den Bräter in den Backofen stellen und 15 Minuten garen. In der Zwischenzeit 200 g Brokkoli in Röschen teilen und 2 Zucchini in Scheiben schneiden und gar dämpfen. Lammkarree in Scheiben schneiden und mit dem gedämpften Gemüse servieren.

Rinder-Carpaccio

Für 4 Personen

250 g Rinderfilet
3 EL extra natives Olivenöl
1 EL gehackte Thymianblättchen
1 TL Dijonsenf
½ EL Balsamico
½ TL Honig
60 g Rucola
25 g gehobelter Parmesan
Salz und frisch gemahlener Pfeffer

- Das Rinderfilet auf ein Schneidbrett legen und mit 1 EL Olivenöl, Pfeffer und Thymian einreiben. In Frischhaltefolie wickeln und 20 Minuten ins Gefrierfach legen.

- In der Zwischenzeit 2 EL Olivenöl, Senf, Balsamico und Honig in einer Schüssel zu einem Dressing verrühren und mit Salz und Pfeffer abschmecken. Rucola auf einem Servierteller anrichten.

- Dann das Rinderfilet auswickeln, in sehr dünne Scheiben schneiden und die Scheiben auf den Rucolablättern anrichten.

- Mit gehobeltem Parmesan bestreut und mit dem Dressing beträufelt anrichten.

 **Steak-Sandwich** 450 g Rumpsteak mit Olivenöl einreiben und mit Pfeffer würzen. Eine Grillpfanne erhitzen und das Steak von jeder Seite 3–4 Minuten braten. Ruhen lassen. In der Zwischenzeit 1 rote Zwiebel in Scheiben schneiden und 1–2 Minuten in der Grillpfanne braten und herausnehmen. Dann 4 aufgeschnittene Ciabattabrötchen (nur die inneren Schnittflächen) in der Grillpfanne rösten. Dann die unteren Brötchenhälften mit einer Mischung aus 1 EL Mayonnaise und 1 TL Senf bestreichen und mit Brunnenkresse und Zwiebeln belegen. Das Steak aufschneiden und darauf verteilen. Die oberen Brötchenhälften auflegen und servieren.

 **Gegrilltes Rindfleisch auf Salat** In einer kleinen Schüssel 3 EL extra natives Olivenöl, 1 EL Balsamico, ½ TL Sahnemeerrettich und ½ TL Honig verrühren. Mit Salz und frisch gemahlenem Pfeffer abschmecken. Eine Grillpfanne erhitzen und 450 g Rumpsteak darin braten, bis es den gewünschten Gargrad erreicht hat. 2 Fleischtomaten und 2 Avocados jeweils halbieren und in dünne Scheiben schneiden. 1 gelbe Paprika entkernen und in Streifen schneiden. 75 g gemischte Salatblätter mit Tomaten, Avocados und Paprika in einer Salatschüssel mischen. Den Salat auf 4 Teller verteilen. Steak in Scheiben schneiden und auf dem Salat anrichten. Das Dressing darüberträufeln und servieren.

30 Parmesanhähnchen

Für 4 Personen

4 Hähnchenbrustfilets (je 150 g),
  ohne Haut und Knochen

2 EL Weizenmehl

2 Eier

100 g Semmelbrösel

75 g geriebener Parmesan

1 Zwiebel

2 Knoblauchzehen

3 EL Olivenöl

1 Dose gehackte Tomaten (400 g)

1 TL gerebelter Oregano

¼ TL Chiliflocken

2 EL gehackte Basilikumblätter

200 g Mozzarella

Salz und frisch gemahlener Pfeffer

- Den Backofen auf 200 °C vorheizen. Jede Hähnchenbrust zwischen 2 Lagen Frischhaltefolie legen und mit einem Fleischklopfer oder Nudelholz flach klopfen. Das Fleisch sollte ca. 1 cm dick sein.

- Das Mehl in eine flache Schüssel geben. Eier verquirlen. Semmelbrösel mit Parmesan mischen. Mehl, Eier und Semmelbrösel auf 3 flache Teller geben. Das Hähnchen zuerst mit Mehl bestäuben, dann durch die Eimasse ziehen und schließlich in der Semmelbrösel-Parmesan-Mischung wälzen. Einige Minuten kalt stellen.

- Die Zwiebeln würfeln und die Knoblauchzehen zerdrücken. In einer Pfanne 1 EL Olivenöl erhitzen und Zwiebeln und Knoblauch darin 1–2 Minuten andünsten. Die gehackten Tomaten, den Oregano und die Chiliflocken hinzufügen und das Ganze 10 Minuten köcheln lassen. Mit Salz und Pfeffer abschmecken.

- In der Zwischenzeit in einer anderen Pfanne 2 EL Olivenöl erhitzen und die Hähnchenbrüste darin von jeder Seite 4–5 Minuten braten.

- Die Tomatensauce in eine Auflaufform geben. Fleisch dazulegen und mit Basilikum bestreuen. Den Mozzarella in Scheiben schneiden und auf das Fleisch legen. Im Backofen 10 Minuten backen, bis der Käse geschmolzen und gebräunt ist.

---

1 Hähnchensalat 3 gegarte Hähnchenbrüste grob zerkleinern und in eine Schüssel geben. Mit 2 in Scheiben geschnittenen Mangos, 50 g Brunnenkresse und 100 g grob gehacktem Fontina mischen. 3 EL Olivenöl, 1 EL Balsamico, ½ TL Senf, etwas Salz und frisch gemahlenen Pfeffer verrühren und unter den Salat mischen. Mit gerösteten Kürbiskernen bestreuen.

2 Hähnchensuppe mit Parmesan 1 Zwiebel würfeln und 2 Knoblauchzehen zerdrücken. 2 Hähnchenbrustfilets in mundgerechte Stücke schneiden. In einem Topf 1 EL Olivenöl erhitzen und die Zwiebeln und den Knoblauch mit den Fleischwürfeln darin unter gelegentlichem Rühren 5–6 Minuten braten. Mit 750 ml Hühnerbrühe, 100 ml Weißwein und 1 Dose gehackten Tomaten (400 g) ablöschen, zum Köcheln bringen und 12 Minuten köcheln lassen. 3 EL geriebenen Parmesan einrühren und 2 EL gehackte Basilikumblätter zugeben. Mit Salz und frisch gemahlenem Pfeffer abschmecken. Dazu knuspriges Brot servieren.

Kalbsschnitzel mit Prosciutto und Salbei

Für 4 Personen

4 Kalbsschnitzel (je 150 g)

4 Scheiben Prosciutto

4 Salbeiblätter

2 EL Weizenmehl

3 EL Olivenöl

350 g grüne Bohnen

abgeriebene Schale von 1 unbehandelten Zitrone

25 g Butter

100 ml Weißwein

Salz und frisch gemahlener Pfeffer

- Jedes Schnitzel zwischen 2 Lagen Frischhaltefolie legen und mit einem Fleischklopfer oder Nudelholz flach klopfen. Das Fleisch sollte ca. ½ cm dick sein.

- Jeweils 1 Scheibe Prosciutto und 1 Salbeiblatt auf die Schnitzel legen und mit einem Zahnstocher befestigen.

- Das Mehl auf einen Teller schütten und gut würzen. Jedes Schnitzel im Mehl wälzen.

- Die grünen Bohnen putzen und in kochendem Salzwasser garen. Mit 1 EL Olivenöl und der Zitronenschale mischen, warm halten.

- Die Butter und 2 EL Öl in einer Pfanne erhitzen und die Schnitzel von jeder Seite 2–3 Minuten braten.

- Die Schnitzel aus der Pfanne nehmen und den Weißwein hinzugießen. 1–2 Minuten kochen lassen, dabei den Bratensatz vom Boden der Pfanne lösen.

- Schnitzel mit Sauce beträufeln und mit den grünen Bohnen servieren.

 **Grüne-Bohnen-Salat mit Prosciutto**

450 g grüne Bohnen in kochendem Salzwasser garen. 8 Scheiben Prosciutto in 1 EL Olivenöl knusprig braten. Bohnen, 2 gehackte Avocados, 100 g halbierte Kirschtomaten, 2 EL geröstete Pinienkerne und 200 g zerkleinerten Mozzarella mischen. Mit 3 EL Olivenöl und dem Saft von ½ Zitrone beträufeln und abschmecken. Den Prosciutto grob hacken und über den Salat streuen.

 Tagliatelle mit Kalbfleisch und Prosciutto

Den Backofengrill auf hoher Stufe vorheizen. 400 g Tagliatelle in reichlich Salzwasser al dente kochen. In der Zwischenzeit 400 g Kalbsschnitzel in Streifen schneiden und mit Mehl bestäuben. In einer Pfanne 2 EL Olivenöl erhitzen und das Fleisch in 6–7 Minuten bräunen. Aus der Pfanne nehmen und warm halten. 1 gehackte Zwiebel in der Pfanne in ca. 10 Minuten braun braten. 100 ml Weißwein zugießen und 4–5 Minuten köcheln lassen. Dann 250 g Sahne, 2–3 EL Hühnerbrühe und 2 gehäutete, entkernte und gehackte Tomaten hinzufügen und würzen. 8 Scheiben Prosciutto in 3–4 Minuten von jeder Seite unter dem Grill knusprig garen. Kalbsschnitzel wieder in die Pfanne geben, abgetropfte Tagliatelle ebenfalls. Mit 2 EL gehackten Petersilienblättern mischen. Mit Prosciutto und 2 EL geriebenem Parmesan bestreut servieren.

Schweinesteaks mit Rosmarin und Bohnensalat

Für 4 Personen

4 Knoblauchzehen

1 rote Zwiebel

1 EL Olivenöl

2 TL fein gehackter Rosmarin

abgeriebene Schale und Saft von
   1 unbehandelten Zitrone

4 Schweinesteaks ohne Knochen
   (je 150 g)

2 EL Sherryessig

2 Dosen Cannellinibohnen (je 400 g)

125 g gemischte Salatblätter

Salz und frisch gemahlener Pfeffer

- Die Knoblauchzehen zerdrücken und die Zwiebeln in Scheiben schneiden. In einer Schüssel 1 EL Olivenöl, Knoblauch, Rosmarin und Zitronensaft verrühren. Schweinesteaks zugeben und mit dem Öl gut mischen. 10 Minuten darin ziehen lassen.

- Eine Grillpfanne erhitzen und die Steaks darin 3–4 Minuten von jeder Seite garen. Aus der Pfanne nehmen und warm halten.

- Die restliche Marinade in die Pfanne geben, Zwiebeln darin 2–3 Minuten braten, dann den Sherryessig einrühren und 1–2 Minuten kochen. Mit Salz und Pfeffer würzen.

- Die Bohnen abspülen und abtropfen lassen, dann unterrühren und erhitzen.

- Bohnen und Salatblätter mischen und mit den Schweinesteaks servieren.

Bohnensalat mit Pancetta In einer Pfanne 2 EL Olivenöl erhitzen und 125 g gewürfelten Pancetta und 2 zerdrückte Knoblauchzehen darin 2–3 Minuten braten. 1 entkernte und gewürfelte rote Paprika zugeben und 1 Minute mitbraten. 2 Dosen Cannellinibohnen (je 400 g, abgespült und abgetropft) hinzufügen und 1–2 Minuten erhitzen. 2 EL gehackte Basilikumblätter, etwas Salz und frisch gemahlenen Pfeffer und den Saft von ½ Zitrone unterrühren und servieren.

Schweinesteaks mit Parmesankruste und Cannellinibohnen 4 Schweinesteaks (je 175 g) zwischen 2 Lagen Frischhaltefolie legen und mit einem Fleischklopfer oder Nudelholz flach klopfen. Das Fleisch sollte ca. 1 cm dick sein. 25 g Semmelbrösel, 1 Handvoll gehackte Salbeiblätter und 2 EL geriebenen Parmesan auf einem flachen Teller mischen. 1 verquirltes Ei auf einen anderen Teller geben. Jedes Steak zuerst durch das Ei ziehen, dann in der Semmelbrösel-Parmesan-Mischung wälzen. In einer Pfanne 2 EL Olivenöl erhitzen und die Steaks darin von jeder Seite 3–4 Minuten braten. In der Zwischenzeit 1 Dose Cannellinibohnen (400 g) abspülen und abtropfen lassen, dann in einem kleinen Topf erhitzen. 1 EL Olivenöl und 1 EL gehackte Petersilienblätter unterrühren. Abschmecken und zu den Steaks servieren.

10 Lammpitta

Für 4 Personen

20 grüne entkernte Oliven
4 Frühlingszwiebeln
2 Avocados
2 Tomaten
2 rote Paprika
25 g Rucola
1 EL italienisches Salatdressing
4 Pittabrote
300 g gegartes Lammfleisch in
   Scheiben (alternativ Rindfleisch)

- Den Backofengrill auf hoher Stufe vorheizen. Die Oliven und die Frühlingszwiebeln in Scheiben schneiden. Die Avocados entsteinen und klein schneiden, die Tomaten hacken. Die roten Paprika entkernen und in Streifen schneiden. Alle Zutaten in einer Schüssel mischen.

- Den Rucola unterheben und das Salatdressing unterziehen.

- Die Pittabrote unter dem Grill 1–2 Minuten erhitzen. Die noch warmen Brote mit einem Messer so aufschneiden, dass eine Tasche entsteht.

- Das Lammfleisch auf die 4 Brote verteilen, den Salat daraufgeben und servieren.

2 Hackfleischpizza

Den Backofen auf 220 °C vorheizen. In einer Pfanne 1 EL Olivenöl erhitzen und 1 gewürfelte Zwiebel, 1 entkernte, in Streifen geschnittene rote Paprika und 2 zerdrückte Knoblauchzehen darin 1–2 Minuten andünsten. 400 g Hackfleisch hinzufügen und braun braten, anschließend 1 Dose gehackte Tomaten (400 g) und 2 EL Tomatenmark einrühren und 3–4 Minuten köcheln. Die Mischung auf 4 Pizzaböden (FP) verstreichen und mit 300 g geriebenem Mozzarella bestreuen. Im Backofen in 11–12 Minuten goldbraun backen.

3 Calzone mit Prosciutto und Salami

Den Backofen auf 220 °C vorheizen. Für den Teig 500 g Weizenmehl (Type 1050), 1 Pck. Trockenhefe (7 g) und 1 Prise Salz in einer Schüssel mischen. 1 EL Olivenöl und knapp 300 ml warmes Wasser unterrühren. Die Zutaten mit den Händen vermischen, eventuell noch Wasser zugeben, bis der Teig weich, aber nicht klebrig ist. Den Teig auf einer bemehlten Arbeitsfläche 5–10 Minuten kneten, bis er geschmeidig ist. Teig vierteln und jeweils zu einem Kreis (20 cm Durchmesser) ausrollen. Für die Füllung 150 g halbierte Kirschtomaten, 200 g gehackten Mozzarella, 100 g Prosciutto, 100 g Salami, 1 EL Kapern und 40 g geriebenen Parmesan in eine Schüssel geben und mischen. Die Füllung jeweils auf die eine Hälfte der 4 Böden geben und dabei einen 2,5 cm breiten Rand lassen. Die Ränder mit Wasser bestreichen und dann die andere Teighälfte auf die Füllung klappen und die Ränder fest zusammendrücken. Im Backofen 6–8 Minuten backen.

Lammleber mit Salbei und Kartoffel- püree

Für 4 Personen

600 g Kartoffelpüree (FP)
450 g Lammleber
2 EL Mehl
4–5 Salbeiblätter
50 g Butter
Salz und frisch gemahlener Pfeffer

- Das Kartoffelpüree nach Packungsangabe zubereiten.

- In der Zwischenzeit die Lammleber in dünne Scheiben schneiden und mit Mehl bestäuben. Die Salbeiblätter hacken.

- In einer Pfanne die Butter erhitzen und die Leber mit dem Salbei 1–2 Minuten von jeder Seite braten. Mit Salz und Pfeffer würzen.

- Das Fleisch mit dem warmen Püree servieren. Die Butter und Bratensäfte aus der Pfanne darüberträufeln.

Lammleber mit Pilzen und Polenta 450 g Lammleber in dünne Scheiben schneiden und mit Mehl bestäuben. In einer Pfanne 1 EL Olivenöl erhitzen und die Leber darin 2 Minuten von jeder Seite braten. Herausnehmen und warm halten. 1 EL Olivenöl zugeben und 1 in Scheiben geschnittene Zwiebel und 150 g in Scheiben geschnittene braune Champignons darin 4–5 Minuten braten. In der Zwischenzeit 800 ml Salzwasser in einem Topf aufkochen, 200 g Instant-Polenta 1–2 Minuten einrühren, bis diese eindickt. ½ EL Schnittlauchröllchen und ½ EL gehackte Petersilienblätter unterrühren. Dieselbe Menge Schnittlauch und Petersilienblätter unter die Pilze rühren und diese mit Salz und frisch gemahlenem Pfeffer abschmecken. Die Leber zu den Pilzen in die Pfanne legen und mit dem Saft von 1 Zitrone noch einmal 1 Minute erhitzen, dann mit der Kräuterpolenta servieren.

Lammleber mit Tomaten und Tagliatelle In einer Pfanne 1 EL Olivenöl erhitzen, 1 in Scheiben geschnittene Zwiebel und 50 g gewürfelten durchwachsenen Speck darin 3–4 Minuten andünsten. 1 Dose gehackte Tomaten (400 g), 1 EL Worcestersauce, 1 EL Tomatenmark, ¼ TL gemischte geriebelte Kräuter und 150 ml Gemüsebrühe zugeben und 12–15 Minuten köcheln lassen, dann würzig abschmecken. 450 g Lammleber in dünne Scheiben schneiden und mit Mehl bestäuben. In einer weiteren Pfanne 50 g Butter erhitzen und das Fleisch darin 1–2 Minuten von jeder Seite braten. 350 g Tagliatelle in reichlich Salzwasser al dente kochen, abgießen und auf 4 Tellern anrichten. Leber und Tomatensauce daraufgeben.

10 Hähnchenlebersalat

Für 4 Personen

1 Römersalat

1 rote Zwiebel

4 Scheiben durchwachsener Speck

400 g Hähnchenleber

1 EL extra natives Olivenöl

20 g Brunnenkresse

italienisches Salatdressing

Salz und frisch gemahlener Pfeffer

- Den Backofengrill auf hoher Stufe vorheizen. Die Blätter vom Römersalat ablösen und in mundgerechte Stücke zupfen. Die Zwiebeln in dünne Scheiben schneiden.

- Den Speck unter dem Grill knusprig backen. Abkühlen lassen, dann grob hacken.

- In der Zwischenzeit die Hähnchenleber mit Salz und Pfeffer würzen.

- In einer Pfanne 1 EL Olivenöl erhitzen und die Leber darin bräunen. In der Mitte sollte das Fleisch aber noch rosa sein. Leicht abkühlen lassen, dann in mundgerechte Stücke schneiden.

- Die Brunnenkresse, den Römersalat und die Zwiebeln in einer Schüssel mischen.

- Die Hähnchenleber und den Speck hinzufügen. Mit italienischem Dressing beträufeln, mischen und sofort servieren.

 **Kalbsleber mit karamellisierten Zwiebeln**

In einer Pfanne 2 EL Olivenöl und 25 g Butter erhitzen und 3 große, in Scheiben geschnittene Zwiebeln zugeben. Bei hoher Hitze unter häufigem Rühren 15 Minuten dünsten. 1 Spritzer Balsamico und 1 EL braunen Zucker zugeben und weitere 3–4 Minuten braten. In der Zwischenzeit in einer zweiten Pfanne 2 EL Olivenöl und 30 g Butter erhitzen und 500 g Kalbsleber darin 2–3 Minuten von jeder Seite braten. Mit den Zwiebeln servieren.

 Kalbsleber mit Salbei und Kartoffelpüree

800 g Kartoffeln schälen und halbieren oder vierteln, in kochendem Salzwasser gar kochen. In einer Pfanne 2 EL Olivenöl und 30 g Butter erhitzen und 8–10 Salbeiblätter darin knusprig braten. Aus der Pfanne nehmen und auf Küchenpapier abtropfen lassen. Die Kartoffeln abgießen und zermusen. Dann 2 EL Crème fraîche unterrühren und warm halten. 4 Scheiben Kalbsleber (je 125 g) in der „Salbeipfanne" von jeder Seite 2–3 Minuten braten. In einer zweiten Pfanne 2 EL Olivenöl erhitzen und 500 g junge Spinatblätter darin zusammenfallen lassen. Das Kartoffelpüree auf 4 Tellern anrichten, Spinat und Leber daraufgeben und zum Schluss die Salbeiblätter. Mit den Bratensäften beträufelt servieren.

Schweinesteaks mit Polentakruste und Birnen-Rucola-Salat

Für 4 Personen

4 EL Instant-Polenta

4 EL geriebener Parmesan

2 EL Weizenmehl

1 Ei, verquirlt

4 Schweinerückensteaks (je 150 g)

3 Birnen

1 rote Zwiebel

75 g Rucola

2 EL gehackte Walnüsse

3 EL Olivenöl

1 EL Balsamico

50 g Butter

Salz und frisch gemahlener Pfeffer

- Die Polenta und den Parmesan mischen und auf einen flachen Teller geben. Mehl und Ei jeweils auf weitere Teller geben.

- Die Steaks zuerst im Mehl wälzen, dann durch das Ei ziehen und zuletzt in der Polenta wälzen. 5 Minuten kalt stellen.

- In der Zwischenzeit die Birnen und die Zwiebeln in Scheiben schneiden und mit dem Rucola in eine Schüssel geben. Walnüsse hinzufügen. 2 EL Olivenöl und Balsamico mit den Salatzutaten verrühren. Mit Salz und Pfeffer abschmecken.

- In einer Pfanne 1 EL Olivenöl und die Butter erhitzen und die Schweinesteaks darin von jeder Seite 3–4 Minuten braten, bis die Kruste goldgelb ist.

- Die Steaks auf dem Salat servieren.

---

1 **Schweinekoteletts mit gebratener Polenta und Tomaten** Den Backofengrill auf hoher Hitze vorheizen. 4 große Tomaten halbieren und mit ½ TL Garam Masala, 1 zerdrückten Knoblauchzehe und etwas Salz und frisch gemahlenem Pfeffer bestreuen. Mit 1 EL Olivenöl beträufeln und unter dem Grill 4–5 Minuten backen. In der Zwischenzeit 350 g gegarte Polenta in dicke Scheiben schneiden. In einer großen Pfanne 2 EL Olivenöl erhitzen und die Polenta sowie 4 Schweinekoteletts (je 50 g) darin 3–4 Minuten von jeder Seite braten.

1 Minute vor Bratende mit 1 EL gehackten Basilikumblättern bestreuen. Schweinekoteletts mit Polenta und den würzigen Tomaten servieren.

2 **Schweinesteaks mit Birnen** Den Backofengrill auf hoher Stufe vorheizen. In einer ofenfesten Pfanne 2 EL Olivenöl erhitzen und 2 in Scheiben geschnittene rote Zwiebeln und 2 entkernte und in Spalten geschnittene Birnen darin dünsten. 4 Schweinesteaks (je 150 g) hinzufügen und von jeder Seite 2–3 Minuten braten. 60 g Gorgonzola darüberkrümeln und die Pfanne unter den Grill stellen, bis der Käse zu zerlaufen beginnt. Mit gedämpftem grünem Gemüse servieren.

Lamm mit Honig, Senf und Zitrone

Für 4 Personen

4 Knoblauchzehen

4 EL Honig

2 EL grobkörniger Senf

abgeriebene Schale und Saft von
    1 unbehandelten Zitrone

1 Handvoll gehackter Rosmarin

2 EL Olivenöl

4 Lammsteaks (je 150 g)

300 g Tagliatelle

1 rote Zwiebel, in Scheiben
    geschnitten

2 Zucchini, in Scheiben geschnitten

Salz und frisch gemahlener Pfeffer

- Den Backofengrill auf hoher Stufe vorheizen. Die Knoblauchzehen zerdrücken und mit Honig, Senf, Zitronenschale und -saft, Rosmarin und 1 EL Olivenöl in einer Porzellanschüssel verrühren. Die Lammsteaks in die Marinade legen und 10 Minuten darin ziehen lassen.

- Die Tagliatelle in reichlich Salzwasser al dente kochen.

- In der Zwischenzeit Lammsteaks aus der Marinade nehmen und unter dem Grill 3–4 Minuten von jeder Seite garen.

- In einer Pfanne 1 EL Olivenöl erhitzen und Zwiebeln und Zucchini darin 3–4 Minuten andünsten, dann restliche Marinade hinzugießen. 1–2 Minuten köcheln lassen und mit Salz und Pfeffer abschmecken.

- Die Tagliatelle abgießen und unter das Gemüse mischen. Zu den Lammsteaks servieren.

Lamm-Spargel-Salat
In einer Schüssel 3 EL extra natives Olivenöl, 1 EL Zitronensaft, ½ TL grobkörniger Senf und ½ TL Honig zu einem Dressing verrühren. 400 g Spargelspitzen mit ½ EL Olivenöl mischen und in einer heißen Grillpfanne 1–2 Minuten braten. Spargel auf einem Bett aus Brunnenkresse, Rucola und Spinatblättern anrichten und 350 g gegartes, in Scheiben geschnittenes Lammfleisch darauflegen. Mit 200 g zerkrümeltem Feta bestreuen und mit Dressing beträufelt servieren.

Lammspieße mit grünem Salat 250 g Lammhack, ½ TL Fenchelsamen, 1 zerdrückte Knoblauchzehe, ½ EL gehackte Basilikumblätter und Salz und frisch gemahlenen Pfeffer in einer großen Schüssel mischen. 8 Bällchen daraus formen, dann jeweils 2 Bällchen auf 4 Spieße stecken und mit Olivenöl bestreichen. In einer heißen Grillpfanne 8–10 Minuten garen, mehrmals wenden. Aus 3 EL extra nativem Olivenöl, Saft von ½ Zitrone, ½ TL Dijonsenf, ½ TL Honig sowie Salz und frisch gemahlenem Pfeffer ein Dressing rühren. 1 grünen Salat putzen und in mundgerechte Stücke zupfen, mit dem Dressing mischen und zu den Lammspießen servieren.

30 Römisches Hähnchen mit Paprika

Für 4 Personen

1 rote Zwiebel

3 Knoblauchzehen

2 rote, 1 gelbe und 1 grüne Paprika

3 EL Olivenöl

4 Hähnchenbrustfilets (je 150 g)

125 g entsteinte grüne Oliven

400 g Kirschtomaten

300 ml Hühnerbrühe

2 Zweige Oregano

2 EL gehackte Petersilienblätter

Salz und frisch gemahlener Pfeffer

- Die Zwiebeln in Scheiben schneiden, die Knoblauchzehen zerdrücken. Die roten, gelben und grünen Paprika entkernen und in Streifen schneiden.

- In einem großen Topf 3 EL Olivenöl erhitzen und das Hähnchenfleisch darin von beiden Seiten anbraten. Herausnehmen und beiseitelegen.

- Die Zwiebeln und den Knoblauch in den Topf geben und 1–2 Minuten darin andünsten. Die Paprika zugeben und weitere 2–3 Minuten dünsten. Dann die Oliven, die Tomaten, die Brühe und den Oregano hinzufügen.

- Das Hähnchen wieder hineinlegen, zum Köcheln bringen und 20–22 Minuten zugedeckt köcheln lassen, bis das Fleisch gar und weich ist.

- Die gehackten Petersilienblätter einrühren, würzen und servieren.

---

1 Hähnchen-Paprika-Salat In einer Schüssel 2 entkernte und in Streifen geschnittene rote Paprika mit 3 gehackten Tomaten, 2 in Scheiben geschnittenen Avocados und 1 Handvoll junger Spinatblätter mischen. 3 gegarte Hähnchenbrustfilets in Scheiben schneiden und ebenfalls in die Schüssel geben. Mit italienischem Dressing beträufeln und mit 4 Scheiben knusprig gegrilltem Pancetta anrichten. Dazu frisches Brot servieren.

2 Panini mit Hähnchen und Paprika Den Backofengrill auf hoher Stufe vorheizen. 3 rote Paprika entkernen und halbieren. Mit der Wölbung nach oben unter dem Grill backen, bis die Haut schwarze Blasen wirft. In eine Schüssel legen, mit Frischhaltefolie abgedeckt abkühlen lassen. Die schwarze Haut abziehen und Paprika in Streifen schneiden. 4 EL Mayonnaise mit 1 EL Pesto verrühren. 2 Ciabatta längs halbieren und die Schnittflächen mit der Pesto-Mayonnaise bestreichen. Jede untere Hälfte mit 1 Handvoll Spinatblätter und 200 g in Scheiben geschnittenem Mozzarella belegen. Darauf Hähnchenfiletscheiben (von 3 gegarten Filets), 4 in Scheiben geschnittene Tomaten, die Paprikastreifen und einige Basilikumblätter verteilen. Die obere Brothälfte darauflegen. Beide Brote in eine Grillpfanne legen und mit einer weiteren Pfanne flach drücken. 3 Minuten von jeder Seite erhitzen, bis der Käse zu zerlaufen beginnt. Jedes Brot einmal quer durchschneiden und servieren.

Lamm in Anchovissauce

Für 4 Personen

10–12 Anchovisfilets
Saft von 1 Zitrone
2 TL gehackter Rosmarin
4 EL Olivenöl
8 Lammkoteletts (je 150 g)
400 g Brokkolini (Sprossenbrokkoli)
Salz und frisch gemahlener Pfeffer

- Den Backofengrill auf hoher Stufe vorheizen. Die Anchovisfilets in der Küchenmaschine oder mit dem Mixer zu einer Paste verarbeiten. Nach und nach den Zitronensaft unterarbeiten, dann Rosmarin und 4 EL Olivenöl, bis ein cremiges Dressing entsteht.

- Die Lammkoteletts mit Pfeffer würzen und unter dem Grill 3–4 Minuten von jeder Seite garen.

- Den Brokkolini in kochendem Salzwasser 3–4 Minuten dünsten, dann abgießen und würzen.

- Lamm mit der Anchovissauce beträufeln und mit dem Brokkolini servieren.

Spaghetti mit Lamm, Brokkoli und Anchovis

350 g Spaghetti in reichlich Salzwasser al dente kochen. In den letzten 3 Garminuten 350 g Brokkoliröschen zugeben. In der Zwischenzeit in einer Pfanne 3 EL Olivenöl erhitzen und 8 gehackte Anchovisfilets und 1 fein gehackte rote Chili mit 4 Lammkoteletts (je 150 g) 3–4 Minuten darin braten. Spaghetti und Brokkoli abgießen und mit 2 EL Olivenöl wieder in den Topf geben und würzen. Mit den Lammkoteletts servieren.

Cäsarsalat mit Lamm und Anchovis

Für das Dressing 1 fein gehackte Knoblauchzehe, 1 TL Dijonsenf, ½ TL Worcestersauce, 1 EL Zitronensaft, 4 Anchovisfilets, 3 EL Mayonnaise und 4 EL Naturjoghurt verrühren und mit Salz und frisch gemahlenem Pfeffer abschmecken. 4 in Scheiben geschnittene Lammfilets (je 150 g) mit 1 EL Olivenöl, 2 TL gehackten Thymianblättchen, Saft von ½ Zitrone, 1 zerdrückten Knoblauchzehe und etwas Salz und frisch gemahlenem Pfeffer vermengen. 5–6 Minuten in einer heißen Grillpfanne braten. In einer weiteren Pfanne 2 EL Olivenöl erhitzen und 100 g Weißbrotwürfel darin rösten. 2 Kopfsalate zerkleinern und auf eine große Platte legen. Lamm, 6 Anchovisfilets und die Brotwürfel daraufgeben. Das Dressing darüberträufeln und mit 3 EL Parmesanhobeln bestreut servieren.

Fleischbällchen mit Tomatensauce und Spaghetti

Für 4 Personen

500 g Rinderhack

5 Knoblauchzehen, zerdrückt

¼ TL gerebelter Oregano

1 EL gehackte Petersilienblätter

2 EL geriebener Parmesan

2 EL Olivenöl

1 Zwiebel, gewürfelt

1 Prise Chiliflocken

1 große Dose gehackte Tomaten
  (800 g)

100 ml Rotwein

1 TL Zucker

2 EL gehackte Basilikumblätter

375 g Spaghetti

2 EL gehobelter Parmesan

Salz und frisch gemahlener Pfeffer

- Das Hack mit 2 zerdrückten Knoblauchzehen, Oregano, Petersilie und Parmesan vermengen und walnussgroße Bällchen daraus formen.

- In einer Pfanne 1 EL Olivenöl erhitzen und die Fleischbällchen 10–12 Minuten braten.

- In einer zweiten Pfanne 1 EL Olivenöl erhitzen und die Zwiebeln, die restlichen Knoblauchzehen und die Chiliflocken 3–4 Minuten andünsten, dann die gehackten Tomaten, den Rotwein, den Zucker und das Basilikum hinzufügen. 8–10 Minuten köcheln.

- In der Zwischenzeit Spaghetti in reichlich Salzwasser al dente kochen. Die Fleischbällchen in die Tomatensauce legen und weitere 3–4 Minuten köcheln.

- Die Spaghetti abgießen und mit Fleischbällchen und Sauce anrichten. Mit Parmesanhobeln bestreut servieren.

 **Spaghetti mit Hacksauce**

400 g Spaghetti in reichlich Salzwasser al dente kochen. In einer Pfanne 1 EL Olivenöl erhitzen und 1 gewürfelte rote Zwiebel und 1 gewürfelte rote Chili 30 Sekunden darin dünsten. 300 g Rinderhack hinzugeben und bei hoher Hitze in 2–3 Minuten krümelig braten. 400 ml Sauce bolognese (FP) einrühren und 3–4 Minuten köcheln. Spaghetti abgießen und mit Sauce anrichten. 2 EL zerkleinerte Basilikumblätter sowie 2 EL geriebenen Parmesan darüberstreuen.

 Geflügelhackbällchen

400 g Hähnchenfleisch durch den Fleischwolf drehen. In einer Pfanne 1 EL Olivenöl erhitzen und das Geflügelhack mit 50 g Pinienkernen darin 5–6 Minuten braten. Die Pfanne vom Herd ziehen und das Ganze mit 1 EL gehackten Basilikumblättern, 100 g Semmelbröseln, 50 g geriebenem Parmesan, 2 verquirlten Eiern und Saft und Schale von 1 unbehandelten Zitrone in eine Schüssel geben. Mit den Händen vermischen und aus dem Fleischteig walnussgroße Bällchen formen. In der Pfanne wiederum 1 EL Olivenöl erhitzen und die Geflügelhackbällchen darin von allen Seiten bräunen. Mit 500 g erhitzter Tomatensauce (FP) und mit gehackten Petersilienblättern bestreut servieren.

Kalbsschnitzel in Sahnesauce

Für 4 Personen

10 g getrocknete Steinpilze
4 Kalbsschnitzel (je 150 g)
2 EL Weizenmehl
1 EL Olivenöl
50 g Butter
2 Knoblauchzehen, gehackt
1 Zwiebel, gehackt
100 g braune Champignons,
  in Scheiben geschnitten
100 ml Weißwein
200 g Sahne
1 Handvoll junge Spinatblätter
Salz und frisch gemahlener Pfeffer

- Die Steinpilze in kochendem Wasser 10 Minuten einweichen. Abgießen, Einweichflüssigkeit auffangen und Pilze grob hacken.

- Die Kalbsschnitzel mit Mehl bestäuben. In einer Pfanne 1 EL Olivenöl und die Butter erhitzen und die Schnitzel darin von jeder Seite 2–3 Minuten braten, aus der Pfanne nehmen und warm halten.

- Den Knoblauch, die Zwiebeln und die Champignons in die Pfanne geben und 4–5 Minuten braten, bis die Zwiebeln weich sind.

- Den Wein zugießen und 2–3 Minuten kochen lassen, dann Sahne und 2–3 EL von der Steinpilzflüssigkeit zugeben.

- Aufkochen, Steinpilze und Spinat einrühren und mit Salz und Pfeffer würzen. Schnitzel in die Pfanne legen und 1 Minute erhitzen. Mit einem Kartoffelpüree servieren.

 **Kalbfleischsalat**
In einer Pfanne 1 EL Olivenöl erhitzen und 300 g Kalbssteak darin 1–2 Minuten von jeder Seite braten (oder länger, ganz nach Geschmack). 1–2 Minuten ruhen lassen, dann gegen die Faserrichtung in dünne Scheiben schneiden. In eine große Salatschüssel geben und 2 gewürfelte Fleischtomaten, 50 g grüne Salatblätter, 20 g Rucola, 2 EL gehackte Walnusskerne und 75 g gehackte geröstete Paprika aus dem Glas zugeben und untermengen. Mit 2–3 EL italienischem Salatdressing anrichten und mit 3 EL Parmesanhobeln bestreuen.

 **Pappardelle mit Kalb und Steinpilzen**
350 g Pappardelle in reichlich Salzwasser al dente kochen. In einer Pfanne 2 EL Olivenöl erhitzen und 2 gewürfelte Schalotten und 1 zerdrückte Knoblauchzehe darin andünsten. 300 g frische Steinpilze und 300 g dünn geschnittenes Kalbfleisch hinzufügen und bei hoher Hitze darin braten. Gut würzen, dann 150 g Sahne zugeben und zum Köcheln bringen. Pappardelle abgießen und mit den Zutaten in der Pfanne vermengen. Mit 2 EL gehackten Petersilienblättern und 2 EL geriebenem Parmesan bestreut servieren.

1 Hähnchen-Sandwich

Für 4 Personen

4 Scheiben durchwachsener Speck

8 Scheiben Vollkorntoast

2 TL grobkörniger Senf

4 Eisbergsalatblätter

4 Tomaten, in Scheiben geschnitten

2 gegarte Hähnchenbrustfilets,
in Scheiben geschnitten

1 Avocado, entsteint, in Scheiben
geschnitten

Salz und frisch gemahlener Pfeffer

- Die Speckscheiben in einer Pfanne ohne Fett knusprig braten.

- In der Zwischenzeit das Brot toasten, dann 4 Scheiben mit Senf bestreichen.

- Jeweils 1 Blatt Eisbergsalat darauflegen und mit den Tomatenscheiben belegen. Das Hähnchen darauf verteilen. Mit Speck und Avocado abschließen.

- Die übrigen Brotscheiben darauflegen und die Scheiben mit einem Cocktailspieß oder Zahnstocher zusammenstecken. Diagonal durchschneiden und servieren.

2 **Warmer Hähnchensalat** Den Backofen auf 200 °C vorheizen. 4 Hähnchenbrustfilets (je 150 g) und 1 kleines Baguette in Stücke schneiden und auf ein Backblech legen. Mit 2 EL Olivenöl beträufeln und mit 2 zerdrückten Knoblauchzehen gut mischen, damit alles mit Öl überzogen ist. Im Backofen 15 Minuten garen, bis das Brot knusprig und das Hähnchen gar ist. In der Zwischenzeit 3 EL extra natives Olivenöl mit 1 EL Balsamico und etwas Salz und frisch gemahlenem Pfeffer zu einem Dressing verrühren. 175 g junge Spinatblätter, 200 g halbierte Kirschtomaten und 200 g zerkrümelten Ziegenkäse in einer Schüssel mischen. Hähnchen und Brot auf einer Platte anrichten und den Spinatsalat daraufgeben. Mit dem Dressing beträufelt servieren.

3 **Gefüllte Hähnchenbrust** Den Backofen auf 200 °C vorheizen. In 4 Hähnchenbrustfilets (je 150 g) jeweils seitlich eine Tasche einschneiden. In jede Tasche 150 g gewürfelten Fontina und 1 Handvoll Basilikumblätter füllen. Jede Hähnchenbrust in 2 Scheiben Parmaschinken wickeln, auf ein Backblech legen und im Backofen 20 Minuten garen. In der Zwischenzeit in einer Pfanne 2 EL Olivenöl erhitzen und 250 g junge Spinatblätter und 200 g Kirschtomaten darin kurz anbraten, bis der Spinat zusammenfällt. Das Hähnchen auf dem Spinat anrichten.

Schweineschnitzel mit Peperonata

Für 4 Personen

2 EL Olivenöl

1 Zwiebel, fein gewürfelt

2 Knoblauchzehen, zerdrückt

2 rote und 1 gelbe Paprika, entkernt und in Streifen geschnitten

2 EL Weißwein

1 Dose gehackte Tomaten (400 g)

4 Schweineschnitzel (je 150 g)

1 EL gehackte Oreganoblättchen

Salz und frisch gemahlener Pfeffer

- In einer Pfanne 1 EL Olivenöl erhitzen und die Zwiebeln darin 3–4 Minuten andünsten. Den Knoblauch zugeben und 1 weitere Minute dünsten.

- Die Paprika und den Wein hinzufügen, zum Köcheln bringen und zugedeckt 10 Minuten köcheln lassen.

- Die gehackten Tomaten einrühren und offen weitere 10–15 Minuten köcheln. Mit Salz und Pfeffer abschmecken.

- In der Zwischenzeit die Schnitzel mit 1 EL Olivenöl einreiben und mit Oregano würzen. Eine Grillpfanne erhitzen und Schnitzel darin von jeder Seite 3–4 Minuten garen.

- Die Schnitzel auf der Peperonata anrichten. Dazu gegarten Brokkolini (Sprossenbrokkoli) reichen.

 **Schweinekoteletts mit Brokkoli** 650 g Brokkoli 4–5 Minuten in kochendem Salzwasser garen, dann abgießen. In der Zwischenzeit 4 Schweinekoteletts mit Salz und frisch gemahlenem Pfeffer würzen und mit Mehl bestäuben. In einer Pfanne 50 g Butter und 1 EL Olivenöl erhitzen und die Schnitzel mit 2 TL gehackten Salbeiblättern darin 4–5 Minuten braten. In einer weiteren Pfanne 2 EL Olivenöl erhitzen und den Brokkoli 1 Minute darin braten. 2 gehackte Knoblauchzehen, ¼ TL Chiliflocken, Saft von ½ Zitrone und etwas Pfeffer zufügen und 1 weitere Minute köcheln. Zum Fleisch servieren.

 **Brokkolisuppe mit Pancetta** In einem Topf 2 EL Olivenöl erhitzen und 200 g gewürfelten Pancetta 1–2 Minuten braten. Die Hälfte herausnehmen und beiseitelegen. 1 Zwiebel hacken, in den Topf geben und 1 Minute andünsten. 2 Kartoffeln schälen und würfeln und mit 500 g Brokkoli und 900 ml Gemüsebrühe hinzufügen. Aufkochen und 8–10 Minuten köcheln lassen, bis die Kartoffeln gar sind. 200 g Gorgonzola zerbröckeln und einrühren. Mit einem Pürierstab zu einer cremigen Suppe verarbeiten. 150 ml Milch zugießen, abschmecken und vor dem Servieren erhitzen. Mit dem restlichen Pancetta bestreuen und servieren.

 # Lamm mit Fenchel und Marsala

Für 4 Personen

2 Fenchelknollen

1 Knoblauchzehe

3 EL Olivenöl

2 TL gehackte Thymianblättchen

50 ml Marsala

100 g Sahne

300 g Erbsen (TK)

8 Lammkoteletts (je 150 g)

Salz und frisch gemahlener Pfeffer

- Den Fenchel in dünne Scheiben schneiden. Die Knoblauchzehe fein hacken.

- In einer Pfanne 2 EL Olivenöl erhitzen und Fenchel und Thymian darin 1–2 Minuten dünsten.

- Den Marsala und die Sahne einrühren. Die Erbsen hinzufügen und das Ganze 4–5 Minuten köcheln lassen.

- In einer zweiten Pfanne 1 EL Öl erhitzen und den Knoblauch hinzufügen. Die Lammkoteletts darin von jeder Seite 3–4 Minuten braten, bis sie gebräunt sind.

- Die Lammkoteletts zum Gemüse geben und weitere 3–4 Minuten köcheln lassen.

 **Lammkoteletts mit Rosmarin und Fenchel** Den Backofengrill auf hoher Stufe vorheizen. 4 in Scheiben geschnittene Fenchelknollen in wenig kochendem Salzwasser 5–6 Minuten weich dünsten. 8 Lammkoteletts mit einer Mischung aus 1 EL Olivenöl, 2 EL gehacktem Rosmarin, 2 zerdrückten Knoblauchzehen und der abgeriebenen Schale von ½ unbehandelten Zitrone einreiben. Nach Geschmack grillen oder braten. Den gegarten Fenchel in eine Auflaufform legen. Mit dem Saft von ½ Zitrone beträufeln und mit 3 EL geriebenem Parmesan und 3 EL Semmelbröseln bestreuen. 2–3 Minuten unter dem Grill überbacken und mit dem Lamm servieren.

 **Lammkarree mit Pestokruste** Den Backofen auf 220 °C vorheizen. 2 EL Pesto aus dem Glas mit 4 EL Semmelbröseln mischen. 2 Lammkarrees (je 450 g) mit einem Messer auf der Fettseite einritzen und die Pestomasse auf das Fett streichen. Im Backofen 14–16 Minuten rosa garen (oder länger nach Geschmack). In der Zwischenzeit 3 Fenchelknollen in Scheiben schneiden und mit 2 EL Olivenöl und dem Saft von ½ Zitrone vermengen. Mit frisch gemahlenem Pfeffer würzen und in der heißen Grillpfanne braun braten. Das Fleisch aufschneiden und mit dem Fenchel und einem Brunnenkressesalat servieren.

Bohneneintopf mit Wurst

Für 4 Personen

2 EL Olivenöl

4 italienische Bratwürste (Salsiccia),
    gewürfelt

1 große Zwiebel, gehackt

2 Knoblauchzehen, gehackt

1 TL Fenchelsamen

1 große Dose Tomaten (800 g)

500 ml Rinderbrühe

2 Dosen Borlottibohnen (je 400 g),
    abgespült und abgetropft

200 g grüne Bohnen, halbiert

1 EL gehackte Basilikumblätter

Salz und frisch gemahlener Pfeffer

- In einer Pfanne 2 EL Olivenöl erhitzen und die Wurststücke darin 3–4 Minuten bräunen, dann herausnehmen.

- Zwiebeln, Knoblauch und Fenchelsamen in die Pfanne geben. 3–4 Minuten braten, dann die Tomaten und die Brühe unterrühren.

- Zum Köcheln bringen. Die Wurst wieder hinzufügen. Die Borlottibohnen und die grünen Bohnen einrühren.

- 15 Minuten kochen, bis Wurst und Bohnen gar sind. Pikant abschmecken.

- Nach Belieben mit geriebenem Parmesan bestreut servieren.

1 **Wurstsalat mit Bohnendip** 125 g geröstete rote Paprika aus dem Glas in Streifen und 3 Tomaten in Scheiben schneiden. 200 g gegarte italienische Bratwurst (Salsiccia) in dicke Scheiben schneiden. Paprika, Tomaten und Wurst mit 50 g zerkleinerten Römersalatblättern und 2 EL entsteinten schwarzen Oliven mischen. 1 Dose Borlottibohnen (400 g, abgespült und abgetropft), 2 zerdrückte Knoblauchzehen, Saft von ½ Zitrone, 2 EL Tahini (Sesampaste) und 4–5 EL extra natives Olivenöl in eine Küchenmaschine geben und zu einem Dip verarbeiten. Eventuell mehr Öl zugießen und mit Salz abschmecken. Den Salat mit 1 EL extra nativem Olivenöl beträufelt und 1 EL gerösteten Pinienkernen bestreut mit dem Dip servieren.

2 **Wurst-Bohnen-Salat** Den Backofengrill auf hoher Stufe vorheizen. 4 italienische Bratwürste (Salsiccia) in Scheiben schneiden und diese unter dem Grill 3–4 Minuten garen. 350 g grüne Bohnen in kochendem Salzwasser garen, dann mit kaltem Wasser abschrecken. Wurst, Bohnen, 1 Dose Borlottibohnen (400 g, abgespült und abgetropft), 4 in Scheiben geschnittene Tomaten und 8–10 gehackte Basilikumblätter in einer Schüssel mischen. 3 EL Olivenöl, 1 EL Sherryessig, 1 zerdrückte Knoblauchzehe, ½ TL grobkörniger Senf, ½ TL Honig, Salz und frisch gemahlenen Pfeffer zu einem Dressing verrühren und unter den Salat ziehen.

Salat mit geräucherter Entenbrust

Für 4 Personen

2 Orangen

2 EL extra natives Olivenöl

½ TL Dijonsenf

75 g Brunnenkresse

1 Handvoll Granatapfelkerne

250 g geräucherte Entenbrust

Salz und frisch gemahlener Pfeffer

- Die Orangen schälen und über einer Schüssel in einzelne Segmente teilen. Den Saft dabei auffangen.

- Den Orangensaft mit 2 EL Olivenöl und Dijonsenf verrühren und mit Salz und Pfeffer abschmecken.

- Die Brunnenkresse, die Granatapfelkerne und die Orangenscheiben in einer Schüssel mischen, auf 4 Teller verteilen und anrichten.

- Die Entenbrust in Scheiben schneiden und darauflegen. Mit dem Dressing beträufeln und servieren.

Entenbrust mit Pilzen und Tagliatelle

In einer Pfanne 2 EL Olivenöl erhitzen und 1 gehackte rote Zwiebel und 2 zerdrückte Knoblauchzehen darin 1–2 Minuten andünsten. 75 g in Scheiben geschnittene braune Champignons zugeben und weitere 4–5 Minuten köcheln lassen. 100 ml Weißwein, 2 TL Tomatenmark, 300 g geräucherte, in Scheiben geschnittene Entenbrust und 4 EL Crème fraîche hinzufügen und 5–6 Minuten köcheln. Mit Salz und frisch gemahlenem Pfeffer abschmecken. In der Zwischenzeit 350 g Tagliatelle in reichlich Salzwasser al dente kochen. Abgießen und mit der Sauce vermengen. Mit 1 EL gehackten Thymianblättchen bestreuen und servieren.

Entenbrust mit Brokkoli und Oliven

Den Backofen auf 200 °C vorheizen. Die Haut von 4 Entenbrüsten (je 175 g) kreuzweise einritzen. Dann die Hautseite mit Salz und frisch gemahlenem Pfeffer würzen. Eine ofenfeste Pfanne erhitzen und die Entenbrüste mit der Haut nach unten 7–8 Minuten darin braten, wenden und von der anderen Seite bräunen. 1–2 EL Entenfett abnehmen und in eine zweite Pfanne geben. Die Pfanne mit dem Fleisch in den Backofen stellen und 8–10 Minuten garen. In der Zwischenzeit 1 großen Kopf Brokkoli in Röschen teilen und 3–4 Minuten in kochendem Salzwasser garen. Das Entenfett in der Pfanne erhitzen und 2 gewürfelte Schalotten und 1 gehackte rote Chili darin 3–4 Minuten andünsten, dann die Brokkoliröschen untermengen, bis sie mit dem Fett überzogen sind. 100 g gehackte schwarze Oliven unterrühren. Entenbrüste aus dem Ofen nehmen und vor dem Servieren 5 Minuten ruhen lassen. Mit dem Brokkoli servieren.

QuickItalian

Desserts & Gebäck

Rezepte nach Zubereitungszeit

3⏱

2⏱

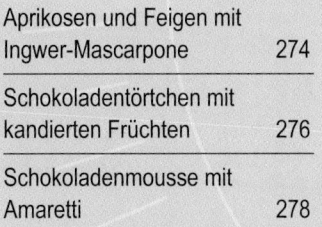

Kokospyramiden

Für 4 Personen

50 g Butter zzgl. etwas zum Einfetten
200 g Kokosraspel
50 g feiner Zucker
1 Ei

- Den Backofen auf 150 °C vorheizen. Die Butter in einem Topf bei milder Hitze zerlassen. Dann die Butter mit den Kokosraspeln und dem Zucker in eine Rührschüssel geben und vermischen. Das Ei verquirlen und gut unterrühren.

- Mit den Händen walnussgroße Stücke von der Kokosmischung abnehmen und daraus kleine Pyramiden formen. Ein Backblech mit Butter einfetten und die Kokospyramiden darauf verteilen. Im Backofen in 15 Minuten goldgelb backen.

- Auf einem Kuchengitter abkühlen lassen.

Knuspermüsli mit Kokos Den Backofengrill auf mittlerer Stufe vorheizen. ½ EL Olivenöl, 1 EL Honig, 1 EL Ahornsirup, 100 g Haferflocken, 25 g Sonnenblumenkerne, 2 EL Sesamsamen und 25 g Mandelblättchen in eine Schüssel geben und mischen. Das Ganze auf ein Backblech geben und verstreichen. Unter dem Grill 6–7 Minuten backen, ab und zu umrühren. In eine große Schüssel geben und 50 g getrocknete Cranberrys und 25 g Kokosraspel unterrühren. Mit frischem Obst und Joghurt servieren.

Kokos-Biscotti Den Backofen auf 220 °C vorheizen. 110 g feinen Zucker, 110 g Weizenmehl, 1 TL Backpulver, abgeriebene Schale und Saft von 1 unbehandelten Orange, 50 g geschälte Mandeln, 15 g Kokosraspel und 1 Ei in eine Schüssel geben und zu einem festen Teig vermengen. Auf eine bemehlte Arbeitsfläche legen und daraus eine ca. 28 cm lange Rolle formen. Diese auf ein Backblech legen und im Backofen 15 Minuten backen. Herausnehmen, 2–3 Minuten ruhen lassen, dann vorsichtig in ca. 1 cm dicke Scheiben schneiden. Die Biscotti nebeneinander wieder auf das Backblech legen und in 2–3 Minuten im Backofen knusprig backen. Auf einem Kuchengitter abkühlen lassen.

Pfannkuchen mit Birne und Mascarpone

Für 4 Personen

125 g Weizenmehl

2 Eier

300 ml Milch

25 g Butter, zerlassen, zzgl.
etwas zum Einfetten

1 EL feiner Zucker

500 g Mascarpone

1 EL Amaretto

3 reife Birnen

4 EL Honig

- Den Backofengrill auf mittlerer Stufe vorheizen. Für die Pfannkuchen das Mehl in eine große Schüssel sieben und in die Mitte eine Vertiefung drücken. Eier hineingeben und von der Mitte aus mit dem Mehl vermengen. Nach und nach die Milch unterarbeiten. Der Teig sollte eine zähflüssige Konsistenz haben. Die zerlassene Butter und den Zucker unterrühren.

- Eine Pfanne mit etwas zerlassener Butter einfetten, das geht am besten mit Küchenpapier.

- Etwas Teig in die Pfanne geben, diese schwenken, damit sich der Teig gut verteilt. 1–2 Minuten garen, dann den Pfannkuchen wenden und noch 1 Minute backen. Auf diese Weise insgesamt 8 Pfannkuchen zubereiten. Die Pfannkuchen aufeinanderlegen und in Alufolie wickeln, damit sie warm bleiben.

- In der Zwischenzeit die Birnen schälen, entkernen und würfeln. Mascarpone und Amaretto verrühren. Birnenwürfel und 2 EL Honig ganz kurz unterziehen, sodass die Creme marmoriert aussieht.

- Die Mascarpone-Mischung achteln und auf die Pfannkuchen geben. Pfannkuchen zu Vierteln zusammenlegen und in eine Auflaufform legen. Mit dem restlichem Honig beträufeln und unter dem Grill vor dem Servieren 1–2 Minuten erhitzen.

 Crostini mit Birne, Honig und Blauschimmelkäse Den Backofengrill auf mittlerer Stufe vorheizen. 1 dünnes Baguette in 8 Scheiben schneiden und diese von einer Seite rösten. 1 Birne schälen und in dünne Scheiben schneiden und auf die ungeröstete Seite legen. Mit 100 g zerkrümeltem Dolcelatte belegen und jeweils mit ¼ TL Honig beträufeln. 1–2 Minuten unter dem Grill backen, bis der Käse zerläuft.

 **Pochierte Birnen mit Mascarpone** 500 ml frisch gepressten Orangensaft mit 75 g feinem Zucker, der abgeriebenen Schale von 1 unbehandelten Orange, 3 Nelken und 1 Zimtstange in einen großen Topf geben. 4 geschälte, entkernte und geviertelte Birnen in den Würzsud setzen, zum Köcheln bringen und etwa 15 Minuten köcheln lassen, bis die Birnen weich sind. Dann herausnehmen und die Flüssigkeit etwas einkochen lassen. In der Zwischenzeit 4 EL Mascarpone, 2 EL Puderzucker und die abgeriebene Schale von 1 unbehandelten Orange verrühren. Birnen mit einem Klecks Mascarpone servieren, mit etwas von dem Würzsud beträufeln und mit 2 EL Mandelblättchen bestreuen.

Amaretti-Pfirsiche aus dem Ofen

Für 4 Personen

4 Pfirsiche
8 Amaretti
1 EL Honig
25 g Butter

Für die Mascarponecreme

4 EL Mascarpone
2 EL Puderzucker
2 EL Amaretto
2 EL geröstete Mandelblättchen

- Den Backofen auf 200 °C vorheizen. Die Pfirsiche halbieren und entsteinen. Mit der Schnittseite nach oben in eine Auflaufform setzen. Amaretti zerbröseln und die Brösel in die Pfirsichmulden streuen. Mit dem Honig beträufeln.

- Die Butter würfeln und jeweils 1 Würfel auf die Pfirsiche geben. Im Backofen 15–18 Minuten garen.

- In der Zwischenzeit den Mascarpone mit dem Puderzucker und dem Amaretto in einer Schüssel verrühren

- Die Pfirsiche mit einem Klecks Mascarpone und mit Mandelblättchen bestreut servieren.

Pfirsichsalat 3 reife Pfirsiche häuten, entsteinen und würfeln. 300 g Erdbeeren klein schneiden und 150 g kernlose grüne Weintrauben halbieren. Die Obststücke mit 200 g Himbeeren in eine Schüssel geben und mischen. Saft von 1 Limette, 3 EL Ananassaft, ½ TL gemahlenen Ingwer und 2 EL gehackte Minzeblätter verrühren. Nach Belieben süßen und über das Obst gießen. Vorsichtig vermischen und mit einem Klecks Crème fraîche servieren.

Pfirsich-Mandel-Tartelettes Den Backofen auf 200 °C vorheizen. 300 g Blätterteig (FP) auf einer leicht bemehlten Arbeitsfläche ausrollen und dann in 4 Rechtecke (10 x 12 cm) schneiden. Diese auf ein Backblech legen. Mit dem Messer jeweils einen 1 cm breiten Rand einritzen, den Teigboden mehrmals mit einer Gabel einstechen und mit 1 verquirltem Ei bestreichen. Im Backofen 10 Minuten backen. 175 g Marzipanrohmasse hacken und auf die Tartelettes legen. 3 Pfirsiche in Scheiben schneiden und ebenfalls auf die Tartelettes verteilen, mit 2 EL Mandelblättchen bestreuen. Weitere 10 Minuten backen. In der Zwischenzeit 2 EL Mascarpone mit 2 EL Puderzucker und 2 EL Amaretto verrühren und zu den Tartelettes reichen.

Ricotta mit Himbeeren

Für 4 Personen

450 g Ricotta

abgeriebene Schale von 2 unbehandelten Orangen

3 EL Honig

350 g Himbeeren

- Den Ricotta mit der Orangenschale und 2 EL Honig in einer Schüssel verrühren.

- Die Himbeeren vorsichtig unter die Ricottacreme heben.

- Die Mischung in 4 Gläser oder Dessertschalen füllen.

- Mit dem restlichen Honig beträufeln und sofort servieren.

Ricottamousse 350 g Ricotta und 180 g Mascarpone mit 30 g feinem Zucker verrühren. Abgeriebene Schale von 2 unbehandelten Orangen und das herausgekratzte Mark von 1 Vanilleschote unterrühren. 450 g Sahne mit 2 EL Amaretto steif schlagen und vorsichtig unter die Ricotta-Mascarpone-Masse ziehen. Die Mousse in 4 Gläser füllen und kalt stellen. Mit frischen Erdbeeren und Minzezweigen servieren.

Gebackener Ricotta mit Himbeeren Den Backofen auf 190 °C vorheizen. 400 g Ricotta, abgeriebene Schale von 2 unbehandelten Orangen, 75 g feinen Zucker, 125 g gemahlene Mandeln, 125 g gehacktes Zitronat und Orangeat und 4 verquirlte Eier in einer Schüssel verrühren. Die Masse in 4 Backförmchen geben und im Backofen in 20–22 Minuten goldbraun backen. In der Zwischenzeit 350 g Himbeeren mit der abgeriebe- ner Schale von 1 unbehandelten Orange und 2 EL feinem Zucker in einen Topf geben und 2–3 Minuten sanft erhitzen. Die warmen Beeren mit dem gebackenen Ricotta servieren.

 # Erdbeer-Orangen-Salat

Für 4 Personen

60 g feiner Zucker

100 ml Wasser

1 EL gehackte Basilikumblätter

150 g Erdbeeren

4 Orangen

- Zucker und Wasser in einen Topf geben und aufkochen. 2–3 Minuten köcheln, kurz abkühlen lassen, dann Basilikum einrühren.

- Erdbeeren klein schneiden und in eine Schüssel geben. Orangen schälen und in Segmente teilen, den Saft dabei auffangen. Orangenstücke zu den Erdbeeren geben.

- Den Sirup darübergießen und servieren.

 **Orangen in Marsala**
4 Orangen schälen und in dünne Scheiben schneiden. Diese in eine flache Schale legen und mit 3 EL Marsala (oder Amaretto) beträufeln. 10 Minuten ziehen lassen. 40 g Zucker und 1 Handvoll gehackte Minzeblätter in einen Mörser geben und zerstoßen. Den Minzezucker und 6 zerkrümelte Amaretti über die Orangen streuen und diese in 4 Dessertgläser füllen. Jeweils einen Klecks Mascarpone daraufgeben.

 **Karamellisierte Orangen** 4 Orangen schälen und in dünne Scheiben schneiden. In eine flache Servierschale legen und mit 1 EL Orangenlikör beträufeln. 100 g Zucker, 1 Zimtstange und 150 ml Wasser in einen Topf geben und unter Rühren erhitzen, bis der Zucker sich aufgelöst hat. Weiterköcheln, bis der Zucker zu karamellisieren beginnt und bräunlich wird. Den entstandenen Sirup über die Orangen gießen. Mit 25 g gerösteten Pinienkernen und 1 EL gehackten Minzeblättern bestreuen.

30 Tiramisu

Für 4 Personen

50 g feiner Zucker
2 Eigelb
150 ml starker Kaffee
2 EL Kaffeelikör
220 g Sahne
250 g Mascarpone
225 g Löffelbiskuits
1 TL Kakaopulver

- Zucker und Eigelb in eine Schüssel geben. Diese auf einen Topf mit köchelndem Wasser setzen und Zucker und Eigelb 4–5 Minuten mit dem Mixer rühren, bis eine leicht schaumige Masse entstanden ist. Etwas abkühlen lassen.

- Den Kaffee in eine flache Schüssel geben und den Likör einrühren.

- Die Sahne steif schlagen.

- Den Mascarpone unter die abgekühlte Eigelb-Zucker-Masse rühren, dann vorsichtig die Sahne unterheben.

- Die Hälfte der Löffelbiskuits in den Kaffee tauchen und den Boden einer flachen Servierschale damit auslegen. Die Hälfte der Mascarpone-Sahne-Creme darauf verstreichen.

- Restliche Löffelbiskuits in den Kaffee tauchen und auf die Creme legen. Mit der restlichen Creme bestreichen. Mit Kakaopulver bestäuben.

- Vor dem Servieren 10 Minuten kalt stellen.

---

1 Mascarpone-Biskuit-Dessert 12 Löffelbiskuits in 100 ml starken Kaffee tauchen und den Boden von 4 Dessertschüsseln damit belegen. 250 g Mascarpone mit 2 EL Kaffeelikör verrühren und gleichmäßig auf den Löffelbiskuits verteilen. ½ TL Kakaopulver darüberstäuben und servieren.

2 Tiramisu-Fondue 400 g Mascarpone, 2 EL starken Kaffee, 1 EL Amaretto, 2 TL Speisestärke und 75 g Puderzucker unter langsamen Rühren im heißen Wasserbad langsam erhitzen, bis eine glatte, dicke Sauce entsteht. 2 Eier in einer zweiten Schüssel verquirlen und die heiße Mascarpone-Mischung langsam zugeben und unterrühren. Im heißen Wasserbad mit dem Schneebesen kräftig aufschlagen, bis die Masse dicklich ist, sodass man sie als Dip verwenden kann. Mit klein geschnittenen Früchten oder Keksen zum Dippen servieren.

Zabaglione

Für 4 Personen

1 Vanilleschote
8 Eigelb
2 EL feiner Zucker
4 EL Marsala
8 Kekse zum Garnieren

- Die Vanilleschote längs aufschneiden und das Mark herauskratzen. Mit dem Eigelb, dem Zucker und dem Marsala in eine Schüssel geben und mit einem Schneebesen verrühren.

- Das Ganze im heißen Wasserbad bei schwacher Hitze 8–10 Minuten mit dem Schneebesen kräftig aufschlagen, bis eine dickliche schaumige Masse entsteht.

- Die Weinschaumcreme in 4 Gläser füllen und mit Keksen servieren.

 Vanilleeis mit Espresso und Marsala

4 kleine Tassen Espresso mit 2 EL Marsala verrühren. 8 Kugeln Vanilleeis in 4 Dessertschalen geben und die noch heiße Kaffeemischung darübergießen. Mit grob gehackter dunkler Schokolade bestreuen und servieren.

 **Panettone mit Pflaumen und Zabaglione**

350 g Pflaumen halbieren und entsteinen, mit dem Saft und der abgeriebenen Schale von 2 unbehandelten Orangen, 65 g feinem Zucker und 1 Zimtstange in einen Topf geben. 15 Minuten sanft köcheln lassen. In der Zwischenzeit für die Zabaglione das Mark von 1 Vanilleschote mit 8 Eigelb, 2 EL Zucker und 4 EL Marsala in eine Schüssel geben und mit dem Schneebesen im heißen Wasserbad bei schwacher Hitze 8–10 Minuten kräftig aufschlagen, bis eine dickliche schaumige Creme entsteht. 4 Scheiben Panettone (italienischer Hefekuchen) von beiden Seiten rösten und auf 4 Teller verteilen. Jeweils etwas Pflaumenkompott daraufgeben und zum Schluss mit der Zabaglione krönen. Sofort servieren.

30 Honigfeigen

Für 4 Personen

12 Feigen
20 g Butter
4 EL Honig
½ TL gemahlener Zimt

- Den Backofen auf 200 °C vorheizen. Jede Feige kreuzweise ein-, aber nicht durchschneiden. Nebeneinander in eine Auflaufform setzen.

- Die Butter, den Honig und den Zimt in einen Topf geben. Langsam erhitzen, bis die Butter zerläuft, dann über die Feigen gießen. Im Backofen 20 Minuten backen.

- Nach Belieben die Feigen mit einem Klecks Mascarpone und mit gerösteten Mandelblättchen bestreut servieren.

 Feigen-Ciabatta mit Honig und Käse

1 Ciabatta der Länge nach durchschneiden, dann jeweils halbieren, sodass 4 Portionen entstehen. Die Brote auf beiden Seiten leicht toasten. 200 g Gorgonzola aufschneiden und die 4 Brote damit belegen. Jedes Brot mit 1 in Scheiben geschnittenen Feige belegen und mit 1 EL Honig beträufeln. Sofort servieren.

 **Feigenküchlein** Den Backofen auf 200 °C vorheizen. 500 g Weizenmehl, 85 g feinen Zucker und 30 g Backpulver in eine Rührschüssel geben und mischen. 85 g Butter in Würfeln zugeben und mit den Händen kneten, bis der Teig eine streuselähnliche Konsistenz hat. 2 verquirlte Eier unterrühren, dann 200 ml Milch und 100 g gehackte getrocknete Feigen hinzufügen. Kurz mischen, bis ein weicher Teig entsteht. Den Teig auf eine leicht bemehlte Arbeitsfläche legen und 4 cm dick ausrollen. Mit einem runden Ausstechförmchen (4–5 cm Durchmesser) 6–8 Küchlein ausstechen und auf ein Backblech legen. Im Backofen in 15 Minuten goldgelb backen. Auf einem Kuchengitter abkühlen lassen.

30 Birnenstrudel

Für 4–6 Personen

3 Birnen

75 g Rosinen

75 g Cranberrys aus dem Glas

125 g feiner Zucker

abgeriebene Schale von 1 unbehandelten Orange

8 Scheiben Filoteig (FP)

50 g Butter, zerlassen

3 EL gemahlene Mandeln

125 g Naturjoghurt

- Den Backofen auf 190 °C vorheizen. Die Birnen schälen, entkernen und würfeln. Die Birnenwürfel mit den Rosinen und den Cranberrys in einen kleinen Topf geben und Zucker und Orangenschale hinzufügen. Bei schwacher Hitze 2–3 Minuten erhitzen, bis die Birnen weich zu werden beginnen.

- 1 Scheibe Filoteig auf die Arbeitsfläche legen und mit zerlassener Butter bestreichen. Eine zweite Scheibe darauflegen und ebenfalls mit Butter bestreichen. Mit den restlichen beiden Scheiben wiederholen.

- Den gebutterten Teig mit den gemahlenen Mandeln bestreuen.

- Die Birnenmischung auf die Mitte der Teigplatte geben und den Teig aufrollen. Dabei die Seiten nach innen einschlagen.

- Den Strudel auf ein Backblech legen und mit der restlichen Butter bestreichen. Im Backofen in 20–25 Minuten goldgelb backen.

- In Scheiben schneiden und mit einem Klecks Naturjoghurt anrichten.

---

1 Birnen mit Heidelbeeren 4 Birnen schälen, entkernen und längs halbieren, dann in dünne Scheiben schneiden. In einem Topf 400 ml süßen Rotwein mit den Birnen zum Kochen bringen und 8 Minuten köcheln. Am Ende der Garzeit 3 EL Heidelbeeren hinzugeben. Mit Vanilleeis servieren.

2 Birnen mit Ricotta 125 g Ricotta mit 1 EL Puderzucker und 1 EL Kakaopulver verrühren. 50 g gehackte dunkle Schokolade und die geriebene Schale von 1 unbehandelten Orange unterziehen. 2 reife Birnen schälen, längs halbieren und entkernen. Mit 2 EL Orangensaft bestreichen, dann mit der Ricottacreme füllen. Mit gehackten Minzeblättern bestreut servieren.

Wassermelone und Ananas mit Sambuca

Für 4 Personen

2 EL Mandelblättchen
½ kleine Wassermelone
1 kleine Ananas
4 cl Sambuca
4 Kugeln Vanilleeis

- Mandelblättchen in einer Pfanne ohne Fett rösten. In der Zwischenzeit die Wassermelone und die Ananas von der Schale befreien und in 1 cm dicke Scheiben schneiden.

- Die Scheiben aufeinandergeschichtet auf 4 Serviertellern anrichten.

- Jeweils 1 cl Sambuca daraufträufeln und mit den Mandeln bestreuen. Dazu eine Kugel Eis servieren.

Obstsalat mit Melone, Ananas und Pfirsich

In einer kleinen Pfanne 20 g Butter zerlassen und 2 EL Mandelblättchen darin rösten, dann abkühlen lassen. 4 reife Pfirsiche häuten und in dünne Scheiben schneiden. ½ Wassermelone und ½ Ananas von der Schale befreien und in kleine Würfel schneiden. 2 EL Honig mit ¼ TL gemahlenem Zimt und 5 EL Naturjoghurt in einer kleinen Schüssel verrühren. Das Obst in einer anderen Schüssel vermengen und auf 4 kleine Dessertschalen verteilen. Jeweils etwas von dem Joghurt daraufgeben. Mit den Mandelblättchen bestreuen und servieren.

Frittierte Ananas

200 g Weizenmehl in eine Schüssel sieben und 125 ml warmes Wasser, 100 ml Bier, ½ EL Pflanzenöl und ½ EL Marsala unterrühren. 1 große geschälte Ananas von der Schale befreien und in dicke Scheiben schneiden. Sonnenblumenöl in eine Fritteuse oder einen großen Topf füllen und auf 180–190 °C erhitzen. Das Öl ist heiß genug, wenn ein kleiner Brotwürfel in 30 Sekunden braun ist. 2 Eiweiße unter den Teig rühren und die Ananasscheiben durch den Teig ziehen. Überschüssigen Teig abtropfen lassen. Die Ananas portionsweise im heißen Öl in 3–4 Minuten goldbraun ausbacken. Mit einem Schaumlöffel herausnehmen und auf Küchenpapier abtropfen lassen. Mit zerkleinerten Minzeblättern bestreut und mit Puderzucker bestäubt servieren.

Mandelmakronen

Für 8 Personen

2 große Eiweiß
175 g gemahlene Mandeln
175 g feiner Zucker
3 TL Amaretto

- Den Backofen auf 160 °C vorheizen. Ein Backblech mit Backpapier auslegen. Eiweiß in eine saubere, fettfreie Schüssel geben und mit dem elektrischen Handrührgerät steif schlagen.

- Die gemahlenen Mandeln, den Zucker und den Amaretto vorsichtig unterziehen.

- Mit einem Teelöffel kleine Teighäufchen auf das vorbereitete Backblech setzen.

- Im Backofen in 15 Minuten goldbraun backen.

- Auf einem Kuchengitter abkühlen lassen.

Himbeeren mit Mandelkruste Den Backofengrill auf mittlerer Stufe vorheizen. 400 g Himbeeren in eine Gratinform legen. 40 g zerlassene Butter, 20 g feinen Zucker und 125 g gemahlene Mandeln in einer Schüssel mischen. Die Mischung auf den Himbeeren verteilen und das Ganze unter dem Grill in 5–6 Minuten goldgelb backen. Mit geschlagener Sahne servieren.

Mandelgebäck Den Backofen auf 180 °C vorheizen. 100 g weiche Butter und 50 g feinen Zucker schaumig schlagen. 100 g Weizenmehl, 1 TL Backpulver, 25 g gemahlene Mandeln und einige Tropfen Amaretto unterrühren. 8–10 walnussgroße Bällchen formen und auf ein mit Backpapier belegtes Backblech setzen. Jedes Bällchen mit einer Gabel etwas flach drücken und im Backofen in 15 Minuten goldbraun backen. Auf einem Kuchengitter abkühlen lassen.

30 Beerenpizza

Für 4 Personen

500 g Weizenmehl (Type 1050) zzgl. etwas zum Bestäuben

4 EL feiner Zucker

1 Pck. Trockenhefe (7 g)

1 Prise Salz

1 EL Olivenöl

300 g Doppelrahm-Frischkäse

3 große Eigelb

2–3 Tropfen Vanillearoma

400 g frische Beeren (z. B. Himbeeren, Heidelbeeren, Erdbeeren)

175 g hellbrauner Zucker

25 g Weizenmehl

50 g Butter, zerlassen

- Den Backofen auf 220 °C vorheizen. Für den Teig Mehl, 2 EL Zucker, Hefe und Salz in einer großen Schüssel mischen. In die Mitte eine Vertiefung drücken und 1 EL Olivenöl und knapp 300 ml warmes Wasser hineingießen. Die Zutaten mit den Händen mischen, bis ein weicher, aber nicht klebriger Teig entsteht. Eventuell noch etwas Wasser zugeben.

- Den Teig auf eine bemehlte Arbeitsfläche legen und 5–10 Minuten kneten, bis der Teig elastisch ist.

- Den Teig vierteln und jeweils einen Kreis von ca. 15 cm Durchmesser ausrollen. Die Böden auf 2 Backbleche legen.

- In einer Schüssel den Frischkäse mit dem Eigelb, dem Vanillearoma und dem restlichen Zucker verrühren. Die Teigböden damit bestreichen und die Beeren darauflegen.

- In einer zweiten Schüssel den braunen Zucker mit dem Mehl und der zerlassenen Butter vermengen. Die Mischung über die Beeren streuen.

- Die Beerenpizzen im Backofen in 12–15 Minuten goldgelb backen.

 Pitta mit Frischkäse und Himbeeren

Den Backofengrill auf mittlerer Stufe vorheizen. 4 Pittabrote von beiden Seiten rösten. 200 g Frischkäse mit 2 EL hellbraunem Zucker verrühren und die Brote damit bestreichen. Jedes Brot mit 50 g Himbeeren belegen und mit 2 EL Honig beträufeln. Unter dem Grill 2–3 Minuten backen. Mit 1 TL gerösteten Sesamsamen bestreuen und servieren.

 **Calzone mit süßer Füllung** 200 g Frischkäse, 1 Eigelb und 2 EL feinen Zucker in einer Schüssel verrühren. 4 Weizen-Tortillas (FP) auf die Arbeitsfläche legen und jeweils eine Hälfte mit der Frischkäsemasse bestreichen, dabei einen 2,5 cm breiten Rand lassen. 200 g klein geschnittene Erdbeeren und eine Handvoll Heidelbeeren darauflegen. Die Ränder mit verquirltem Ei bestreichen und die Tortillas zusammenklappen. Die Ränder fest zusammendrücken. In einer Pfanne 25 g Butter und 1 EL Olivenöl erhitzen und die Tortillas von jeder Seite in 3–4 Minuten goldgelb braten.

Apfel-Parmesan-Tartelettes

Für 4 Personen

Mehl zum Bestäuben
175 g Blätterteig (FP)
2 TL brauner Zucker
2 säuerliche Äpfel
2 TL Honig
40 g geriebener Parmesan

Für die Mascarponecreme (nach Belieben)
4 EL Mascarpone
abgeriebene Schale und Saft von
½ unbehandelten Zitrone
1 TL dunkler Rohrohrzucker

- Den Backofen auf 200 °C vorheizen. Ein Backblech mit Backpapier auslegen. Den Blätterteig auf einer leicht bemehlten Arbeitsfläche ausrollen und 4 Rechtecke (10 x 12 cm) ausschneiden. Auf das Backblech legen und mit braunem Zucker bestreuen.

- Die Äpfel schälen, entkernen und in Scheiben schneiden. Jedes Rechteck mit Apfelscheiben belegen, mit Honig beträufeln und mit geriebenem Parmesan bestreuen.

- Im Backofen in 12–14 Minuten goldgelb backen.

- In der Zwischenzeit nach Belieben die Mascarponecreme zubereiten. Den Mascarpone mit der Zitronenschale, dem Zitronensaft und dem Zucker verrühren. Jedes Tartelette mit einem Klecks Creme servieren.

Toffee-Äpfel mit Milchreis 100 g Butter und 3 EL Honig in einen Topf geben und die Butter zerlassen. 4 Äpfel schälen, entkernen und in Scheiben schneiden, dann 3–4 Minuten in den Topf geben und erhitzen. Die Toffee-Äpfel auf 400 g erwärmtem Milchreis (FP) anrichten.

Frittierte Apfelringe 150 g Weizenmehl, 1 TL Backpulver und 1 TL Zimtpulver in eine Schüssel sieben. 60 g feinen Zucker unterrühren. 190 ml Apfelsaft zugeben und rühren, bis der Teig eine zähflüssige Konsistenz hat. Sonnenblumenöl in eine Fritteuse oder einen Topf gießen und auf 180– 190 °C erhitzen. Ein kleiner Brotwürfel sollte innerhalb von 30 Sekunden braun sein, dann ist das Öl heiß genug. 4 Äpfel schälen und entkernen, oben und unten jeweils ein Stück abschneiden und die Äpfel quer in Ringe schneiden. Die Apfelringe durch den Teig ziehen und portionsweise 1–2 Minuten frittieren. Auf Küchenpapier abtropfen lassen. Mit Puderzucker bestäubt und mit einem Klecks Mascarpone servieren.

Pfirsich-Bananen-Smoothie

Für 4 Personen

1 große Banane

3 Pfirsiche

1 EL geriebener Ingwer

200 g Naturjoghurt

150 ml Milch

- Die Banane schälen und in Stücke schneiden. Die Pfirsiche schälen, halbieren und entsteinen.

- Das Obst mit dem Ingwer, dem Joghurt und der Milch in eine Küchenmaschine geben und glatt pürieren. Eventuell etwas mehr Milch zugeben, bis der Smoothie die richtige Konsistenz hat.

- In 4 Gläser gießen und sofort servieren.

 Pfirsiche mit Ingwer-Zimt-Ricotta Den Backofengrill auf mittlerer Stufe vorheizen. In einer Pfanne 2 EL gemahlene Mandeln ohne Fett 2–3 Minuten rösten, dann mit ¼ TL gemahlenem Zimt, der abgeriebenen Schale von ½ unbehandelten Orange, etwas geriebenem Ingwer und 200 g Ricotta verrühren. 4 Pfirsiche schälen, halbieren und entsteinen, dann mit der Schnittseite nach oben in eine Auflaufform setzen. Jeweils mit der Ricottamischung füllen und unter dem Grill 4–5 Minuten überbacken.

 **Gebackene Pfirsiche mit Rosinen** Den Backofen auf 200 °C vorheizen. 100 g Rosinen in eine Schüssel legen und mit 125 ml Rum begießen. 10 Minuten darin einweichen. 1 geschälten, halbierten und entsteinten Pfirsich in eine Küchenmaschine geben und zu einem Püree verarbeiten. 1 EL feinen Zucker und die Rumrosinen unterrühren. 4 halbierte, entsteinte Pfirsiche mit der Schnittseite nach oben in eine Auflaufform setzen und die Pfirsich-Rosinen-Mischung jeweils in die Mitte geben. 125 ml Weißwein zu den Pfirsichen gießen und das Ganze im Backofen 15 Minuten backen. 1 Minute vor dem Backende 2 EL Mandelblättchen darüberstreuen. Mit Vanilleeis oder Crème fraîche servieren.

30 Biscotti

Für 4 Personen

1 Ei

110 g feiner Zucker

110 g Weizenmehl zzgl. etwas zum Bestäuben

1 TL Backpulver

abgeriebene Schale von 1 unbehandelten Zitrone

50 g geschälte Mandeln

15 g getrocknete Cranberrys

- Den Backofen auf 220 °C vorheizen. Das Ei verquirlen und mit dem Zucker, dem Mehl und dem Backpulver in eine Rührschüssel geben. Zitronenschale, Mandeln und Cranberrys hinzufügen und alles mit den Händen zu einem festen Teig vermengen.

- Den Teig auf die bemehlte Arbeitsfläche legen und eine ca. 28 cm lange Rolle daraus formen. Auf ein Backblech legen und im Backofen 15 Minuten backen.

- Aus dem Ofen nehmen, 2–3 Minuten abkühlen lassen, dann vorsichtig in 1 cm dicke Scheiben schneiden.

- Biscotti nebeneinander auf ein Backblech legen, wieder in den Backofen schieben und in 2–3 Minuten knusprig backen.

- Auf einem Kuchengitter abkühlen lassen.

---

1 **Cantucchini-Frucht-Dessert** 10 Cantucchini in eine Küchenmaschine geben und zerkleinern, dann mit 40 g zerlassener Butter mischen und die Masse in 4 Backförmchen drücken. 2 Pfirsiche schälen, halbieren, entsteinen und fein würfeln. Pfirsiche mit 50 g getrocknete Cranberrys und 100 g Himbeeren in die 4 Formen verteilen. Jeweils 2 EL Naturjoghurt daraufgeben und mit je 2 TL dunklem Rohrrohrzucker bestreuen. Bis zum Servieren kalt stellen.

2 **Cranberry-Mandel-Törtchen** Den Backofen auf 220 °C vorheizen. 225 g Weizenmehl, 2 TL Backpulver und 1 Prise Salz in eine große Schüssel sieben. 75 g Butter in Würfeln zugeben und die Zutaten mit den Händen vermengen, bis der Teig die Konsistenz von Streuseln hat. 40 g feinen Zucker, 25 g getrocknete Cranberrys und 25 g Mandelblättchen dazugeben. 1 Ei mit 2 EL Buttermilch verquirlen und schnell unterarbeiten, bis ein weicher Teig entsteht. Auf eine leicht bemehlte Arbeitsfläche legen und etwa 2,5 cm dick ausrollen. Mit einem runden Ausstechförmchen (5 cm Durchmesser) Törtchen ausstechen und auf ein Backblech legen. Im Backofen in 10–12 Minuten goldbraun backen. Auf einem Kuchengitter abkühlen lassen.

30 Feigenjoghurt mit Honig

Für 4 Personen

250 g Feigen

abgeriebene Schale von 1 unbehandelten Orange

3 EL frisch gepresster Orangensaft

2 EL Honig

250 g Naturjoghurt

1 EL geröstete Mandelblättchen

8 Amaretti

- Die Feigen mit der Orangenschale und dem Orangensaft in einen kleinen Topf geben und 12–15 Minuten köcheln lassen, bis die Feigen weich sind. Etwas abkühlen lassen.

- Die Feigen in eine Küchenmaschine geben und glatt pürieren. Dann den Joghurt locker einrühren, sodass ein Marmormuster sichtbar bleibt.

- Die Creme in 4 kleine Gläser füllen, mit Mandelblättchen bestreuen und mit Amaretti servieren.

---

1 Obstspieße 200 g Erdbeeren halbieren, 3 Pfirsiche schälen, entsteinen und in Stücke schneiden, 4 Feigen vierteln. Die Obststücke abwech-selnd auf Holzspieße stecken. 50 g dunkle Schokolade mit 2 EL Sahne und 1 TL Honig in einem Topf schmelzen, dann die Spieße damit beträufeln. Mit 2 EL gerösteten Mandelblättchen bestreuen und servieren.

2 Erdbeer-Feigen-Bruschetta 8 Ciabattascheiben von beiden Seiten rösten. 4 EL Honig, 2 TL geriebene Zitronenschale und 2 TL Zitronensaft in einen kleinen Topf geben und erhitzen, bis der Honig flüssig ist. 125 g Erdbeeren halbieren, 3 Feigen vierteln und die Obststücke in den Topf geben. 1 Minute kochen lassen, dann Topf vom Herd ziehen. Auf jede Ciabattascheibe ½ EL Mascarpone geben und die Früchte darauf verteilen. Sofort servieren.

Ricottapuffer mit Orangen und Feigen

Für 4 Personen

100 ml Milch
250 g Ricotta
75 g Weizenmehl
½ TL Backpulver
2 Eier, getrennt
1 EL feiner Zucker
25 g Butter
2 Orangen
2 TL Honig
3 Feigen

- Milch, Ricotta, Mehl, Backpulver, Eigelb und Zucker in eine Küchenmaschine geben und zu einer glatten Masse verarbeiten.

- Das Eiweiß in eine Schüssel geben und mit dem elektrischen Mixer steif schlagen, dann vorsichtig unter den Teig rühren.

- In einer Pfanne die Butter zerlassen, Teig löffelweise hineingeben und die Puffer in 2–3 Minuten von jeder Seite goldbraun backen. Nach und nach aus dem restlichen Teig weitere Puffer backen und diese warm halten.

- Die Orangen schälen und filetieren, den Saft dabei auffangen. Den Orangensaft und den Honig in einen Topf geben und erwärmen. Die Feigen vierteln.

- 3 Puffer pro Person auf einem Teller mit Orangenstücken und Feigen anrichten. Mit dem warmen Orangen-Honig beträufeln.

Orangenomelett

Den Backofengrill auf hoher Stufe vorheizen. 2 Eiweiße in einer Schüssel mit dem elektrischen Mixer steif schlagen. In einer zweiten Schüssel 2 Eigelb mit 1 ½ EL feinem Zucker verrühren. Das Eiweiß unter die Eigelbmasse heben. In einer ofenfesten Pfanne 5 g Butter erhitzen und den Teig hineingeben. Bei schwacher Hitze 2–3 Minuten garen, dann 1 klein geschnittene Orange darauflegen. 1 TL Puderzucker darübersieben und das Ganze unter dem Grill in 1–2 Minuten goldbraun überbacken.

Karamellisierte Orangen mit Ricotta

Die Schale von 2 unbehandelten Orangen dünn abschälen und in feine Streifen schneiden. Insgesamt 6 Orangen schälen und in Segmente teilen, den Saft dabei auffangen. Die Orangenstücke auf einem großen hitzebeständigen Servierteller anrichten. In einem kleinen Topf 250 g feinen Zucker bei mittlerer Hitze rühren, bis dieser sich fast aufgelöst hat. Beginnt er zu karamellisieren, 200 ml heißes Wasser zugeben und die Temperatur reduzieren. Orangenschalen darin 5 Minuten köcheln lassen. Den heißen Karamell auf die Orangen gießen. 350 g Ricotta mit 1 EL Honig verrühren. Die Orangen mit einem Klecks Ricotta und mit gerösteten Pinienkernen bestreut servieren.

1 Aprikosendessert

Für 4 Personen

1 Dose Aprikosen in Sirup (400 g)
2 EL Amaretto
8 Amaretti
4 Kugeln Vanilleeis

- Den Aprikosensirup in einen Topf gießen und bei schwacher Hitze etwas einköcheln lassen, dann den Amaretto einrühren. Die Amaretti zerbröseln.

- Die Aprikosen in schmale Spalten schneiden und auf 4 Schälchen verteilen. Den warmen Sirup darüberträufeln.

- Jeweils 1 Kugel Vanilleeis zugeben und mit Amarettibröseln bestreut servieren.

 2 Aprikosen und Feigen mit Ingwer-Mascarpone

Den Backofen auf 200 °C vorheizen. 8 Feigen oben kreuzweise ein-, aber nicht durchschneiden. In eine Auflaufform setzen und 300 g halbierte und entsteinte Aprikosen hinzufügen. Das ausgekratzte Mark einer Vanilleschote mit 50 g feinem Vollrohrzucker mischen und den Zucker über die Früchte streuen. Im Backofen 12–15 Minuten backen. In der Zwischenzeit 1 EL grob gehackten Ingwer mit 4 TL Ingwersirup mit dem Pürierstab zermusen, dann mit 200 g Mascarpone mischen. Die Früchte mit einem Klecks Mascarpone und mit 1 Prise geriebener Muskatnuss bestreut servieren.

 **3 Aprikosenpuffer mit Orangen-Mascarpone**

140 g Weizenmehl, ½ TL Backpulver und 1 Prise Backnatron in eine Schüssel sieben. 25 g feinen Zucker unterrühren. 1 Ei verquirlen und mit 150 ml Milch unter das Mehl arbeiten. 40 g gehackte getrocknete Aprikosen in den Pufferteig rühren. Für den Orangen-Mascarpone von 1 Orange die Schale abreiben, dann die Orange schälen und in Segmente teilen, den Saft dabei auffangen. Orangenschale, Saft und Orangenstücke mit 1 EL Orangenlikör unter 250 g Mascarpone rühren. In einer Pfanne 1 EL Olivenöl erhitzen und mit einem Löffel Teig für handtellergroße Puffer hineingeben. 1 Minute backen, dann wenden und 1 weitere Minute backen. Mit dem restlichen Teig ebenso verfahren. 3–4 warme Puffer pro Person mit einem großen Klecks Mascarpone anrichten.

30 Cassata

Für 4 Personen

250 g Sandkuchen (FP)

25 g dunkle Schokolade

300 g Ricotta

60 g gehacktes gemischtes Orangeat und Zitronat

25 g feiner Zucker

2 EL Amaretto

- Eine Kastenform (500 ml) mit Frischhaltefolie auslegen. An den Seiten ausreichend überhängen lassen, damit die Cassata eingeschlagen werden kann.

- Den Sandkuchen horizontal zweimal durchschneiden, sodass 3 Schichten entstehen.

- Die Schokolade hacken. Ricotta, Zitronat und Orangeat, Schokolade und Zucker in einer Schüssel vermengen.

- Die untere Sandkuchenschicht in die vorbereitete Form legen. Die Hälfte der Ricottamasse daraufstreichen.

- Die zweite Schicht auflegen und mit der restlichen Ricottamasse bestreichen.

- Die obere Kuchenschicht auflegen und andrücken. Amaretto darüberträufeln.

- Die Frischhaltefolie überschlagen und die Cassata 20 Minuten zum Festwerden ins Tiefkühlfach stellen.

 Birnen mit kandierten Früchten und Ricotta

4 reife Birnen schälen, entkernen und in Scheiben schneiden. In 4 kleine Dessertschalen legen. In einer kleinen Schüssel 1 EL Amaretto und 2 EL gehacktes gemischtes Zitronat und Orangeat mit 150 g Ricotta verrühren. Ricotta über die Birnen verteilen und jede Portion mit 1 EL Honig beträufeln. Sofort servieren.

 **Schokoladentörtchen mit kandierten Früchten** Den Backofen auf 220 °C vorheizen. 220 g Weizenmehl und 1 TL Backpulver in eine Schüssel sieben. 75 g Butter zugeben und mit den Händen unter das Mehl arbeiten, bis das Ganze eine streuselartige Konsistenz hat. 40 g Zucker, 1 EL gehackte dunkle Schokolade und ½ EL gehacktes gemischtes Zitronat und

Orangeat unterarbeiten. 1 Ei verquirlen und mit 2 EL Buttermilch zur Mehlmischung geben. Das Ganze zu einem weichen Teig verarbeiten. Auf eine bemehlte Arbeitsfläche legen und 2,5 cm dick ausrollen. Mit einem runden Ausstechförmchen (5 cm Durchmesser) 10 Törtchen ausstechen und auf ein Backblech legen. Im Backofen 10–12 Minuten backen.

30 Warmer Schoko-Amaretti-Pudding

Für 4 Personen

125 g Butter zzgl. etwas zum
  Einfetten
1 TL Kakaopulver
125 g dunkle Schokolade
3 große Eier
125 g feiner Zucker
35 g Weizenmehl
50 g Amaretti

- Den Backofen auf 190 °C vorheizen. 4 kleine Backförmchen mit etwas Butter bestreichen und mit Kakaopulver bestäuben, die Förmchen ein wenig schütteln, damit es sich gut verteilt.

- Die Schokolade und die Butter in eine Schüssel geben und im heißen Wasserbad schmelzen.

- In der Zwischenzeit Eier und Zucker in einer Schüssel schaumig aufschlagen.

- Die Schokoladen-Butter-Mischung und das Mehl nach und nach unterrühren. Amaretti zerkrümeln und ebenfalls dazugeben.

- Den Teig in die vorbereiteten Formen füllen und im Backofen 12–15 Minuten backen, bis er aufgegangen sind.

1 Schoko-Amaretto-Dessert

60 g dunkle Schokolade mit 30 g Butter und 30 g hellem Ahornsirup in einem kleinen Topf schmelzen. Ab und zu umrühren, bis eine glatte Schokoladensauce entsteht. Jeweils einige Amaretti in 4 Dessertschälchen legen, jeweils mit ½ TL Amaretto beträufeln und die Schokoladensauce daraufgeben. Mit einem Klecks Crème fraîche und mit Kakaopulver bestäubt servieren.

2 Schokoladenmousse mit Amaretti

In einem kleinen Topf 300 g Sahne erhitzen, bis sie kocht. 200 g gehackte dunkle Schokolade einrühren und darin schmelzen lassen. In eine Schüssel gießen und diese zum schnellen Abkühlen in eine Schüssel mit Eis stellen. In der Zwischenzeit 10–12 Amaretti zerbröseln. Dann weitere 300 g Sahne, 1–2 EL Amaretto und die Keksbrösel unter die abgekühlte Schokoladensahne rühren und mit dem Mixer aufschlagen, bis die Masse andickt. Schokoladenmousse in 4 Gläser oder Dessertschälchen füllen und servieren.

Stichwortregister

*Die Seitenzahlen in kursiver Schrift
verweisen auf Fotos.*